세상에 대하여 우리가
더잘 알아야 할 교양
8

지은이 | 옮긴이 소개

지은이 **데이비드 애보트**
데이비드 애보트는 작가이자 저널리스트입니다. 또 오픈대학교의 정치 및 사회과학 부교수로서 일하고 있습니다. 그는 정치와 사회 이슈, 국제관계 그리고 역사에 관해 글을 씁니다.

옮긴이 **이윤진**
영국 글래스고 대학교 Theatre, Film and Television Studies학과 석사, 고려대학교 언론학 박사입니다. 고려대학교 민족문화연구원 연구교수와 경성대학교 디지털 콘텐츠학부 외래초빙교수를 지냈으며, 현재 ㈜바른번역 번역가로 활동하고 있습니다. 역서로는 《비주얼 스토리텔링-괜찮은 아이디어를 흥미진진한 이야기로 바꾸는 기술》 등이 있으며, 저서로는 《한국의 이야기 문화와 텔레비전 드라마》가 있습니다.

세상에 대하여 우리가 더 잘 알아야 할 교양

데이비드 애보트 글 | 이윤진 옮김

8

미디어의 힘
견제해야 할까?

내인생의책

내인생의책은 한 권의 책을 만들 때마다
우리 아이들이 나중에 자라 이 책이 '내 인생의 책'이라고 말할 수 있는 책을 만들고자 합니다.

세상에 대하여 우리가 더 잘 알아야 할 교양

⑧ 미디어의 힘 견제해야 할까? (원제: Is the Media Too Powerful?)

데이비드 애보트 글 | 이윤진 옮김

1판 1쇄 2012년 3월 9일 | 1판 3쇄 2014년 4월 30일

펴낸이 조기룡 | 펴낸곳 내인생의책 | 등록번호 제10-2315호
주소 서울시 강서구 가양동 52-7 강서한강자이타워 A동 306호
전화 (02)335-0449, 335-0445(편집) | 팩스 (02)6499-1165
전자우편 bookinmylife@naver.com | 카페 http://cafe.naver.com/thebookinmylife

이 책의 한국어판 저작권은 BC 에이전시를 통한
저작권자와의 독점 계약으로 **내인생의책**에 있습니다. 신 저작권법에 의해
한국 내에서 보호를 받는 저작물이므로 무단전재와 무단복제를 금합니다.
ISBN 978-89-91813-58-8 44300
ISBN 978-89-91813-46-5 44300(세트)

Global Question: Is the Media too Powerful?
2010 ⓒ Arcturus Publishing Limited
All rights reserved.
No part of this book may be used or reproduced in any manner
whatever without written permission, except in the case of brief quotations embodied
in critical articles or reviews.
Korean Translation Copyright ⓒ 2012 by TheBookinMyLife
Published by arrangement with Arcturus,
26/27 Bickels Yard, 151-153 Bermondsey Street, London SE1 3HA
through BC Agency, Seoul.

책값은 뒤표지에 있습니다.
잘못된 책은 구입처에서 바꾸어 드립니다.

이 도서의 국립중앙도서관 출판시도서목록(CIP)은 e-CIP 홈페이지(http://www.nl.go.kr/ecip)에서 이용하실 수 있습니다. (CIP제어번호: CIP2012000757)

책은 나무를 베어 만든 종이로 만듭니다.
그래서 원고는 나무의 생명과 맞바꿀 만한 가치가 있어야 합니다.
그림책이든 문학, 비문학이든 원고 형식은 가리지 않습니다.
여러분의 소중한 원고를 bookinmylife@naver.com으로 보내주시면
정성을 다해 좋은 책으로 만들겠습니다.

차례

추천사 - 안광복(중동고등학교 철학교사, 철학박사) - 6

옮긴이의 말 - 9

이 책을 읽을 학생과 학부모님께 - 12

1. 미디어란 무엇일까요? - 15

2. 미디어는 얼마나 강력할까요? - 27

3. 미디어는 어떻게 우리에게 영향을 줄까요? - 37

4. 미디어가 우리의 자유를 보호할까요? - 47

5. 미디어를 어떻게 규제할까요? - 60

6. 미디어는 어떻게 변하고 있을까요? - 69

용어설명 - 81

더 알아보기 - 84

찾아보기 - 87

※ **굵은 글씨**로 표시된 단어는 81쪽 용어설명에서 찾아보세요.

| 추천사 |

안광복(중동고 철학교사, 철학박사)

　1970년대 베트남 전쟁 당시, 미국 텔레비전은 산더미처럼 쌓인 시체 운반용 자루들을 방송에 내보냈습니다. 시민들은 큰 충격을 받았습니다. 전쟁을 바라보는 눈은 싸늘해졌죠. "왜 우리 젊은이들이 낯선 땅에서 죽음을 맞아야 하는 걸까?" 베트남 전쟁이 끝날 때까지 반전反戰 분위기는 스러지지 않았습니다.
　만약 시민들이 전쟁 영웅의 모험 이야기나 승리하는 장면만 마주했다면 어땠을까요? 권력자들은 언론에 이런 모습만 비추려고 노력합니다. 힘 가진 이들의 뜻대로 되었다면, 전쟁은 완전히 다르게 흘러갔을지도 모를 일입니다.
　사람들의 생각은 무엇을 보고 듣는지에 따라 달라집니다. 언론은 사람들의 눈과 귀 역할을 하지요. 신문과 방송이 우리의 생각을 쥐락펴락하는 셈입니다. 언론에 끊임없이 관심과 주의를 기울여야 하는 이유가 여기 있습니다.
　《미디어의 힘, 견제해야 할까?》은 언론에 대한 고민거리들을 조근조

근하게 풀어줍니다. 큰 문제만 살펴볼까요? 언론은 무엇을 보도해야 할까요? 테러리스트들도 언론을 이용합니다. 폭탄이 터졌다고 해보죠. 이 사실은 신문과 방송을 타고 널리 알려질수록 효과가 커집니다.

생각 있는 언론사라면 당연히 보도를 저어할 것입니다. 하지만 테러 사실을 제대로 알리지 않는다면, '시민들의 알 권리'는 어떻게 될까요? 기자들은 알려야 할 것과 알리지 말아야 할 것을 가리느라 늘 머리를 싸맵니다.

시민의 알 권리 자체도 분명하지 않습니다. 연예인의 뒷이야기를 꼭 알려야 할까요? 이는 감싸주어야 할 사생활 아닐까요? 널리 사랑 받는 인기스타가 '양다리'를 걸치고 있다면, 이 사실을 시민에게 알려야 할 '의무'가 있을까요? 언론보도 가운데는 이런 문제로 다투다가 법원까지 간 사례가 드물지 않습니다.

나아가 이제는 '누가' 기사를 써야 하는지도 문제가 됩니다. 블로그, 트위터, 페이스북 등 소셜 네트워크 서비스SNS가 널리 이용되는 시대입니다. 누구나 자기 의견을 널리 알릴 수 있게 되었지요. SNS에는 온갖 소식이 떠돕니다. '카더라' 식의 소문, 음모론, 욕설을 담은 억지주장에 이르기까지, 온갖 소리들이 걸러지지 않은 채 세상에 퍼집니다. 이래도 아무 문제없을까요?

우리는 전 국민에게 '저널리스트의 자질'이 요구되는 시대를 살고 있습니다. 정보와 생각을 널리 알리는 사람이 저널리스트(언론인)입니다. 이들은 가치 있는 정보를 골라내고, 그릇된 견해는 바로잡는 역할도 합니다. SNS를 통해 우리 모두는 이런 일들을 하고 있지 않나요? 이제, 모든 시민은 저널리스트입니다!

그래서 《미디어의 힘, 견제해야 할까?》는 의미 깊게 다가옵니다. 이 책은 영국의 커피하우스에서 인터넷 시대에 이르기까지, 언론의 역사를 제대로 짚어줍니다. 나아가 광고, 정치선전, 언론 자유와 검열에 이르는 언론을 둘러싼 문제들의 고갱이들을 다룹니다. 읽을 분량이 많지 않아 부담이 적으면서도, 언론에 대해 알아야 할 것, 생각해보아야 할 것을 빠짐없이 짚어주는 셈이죠.

온 국민에게 저널리스트의 소양을 요구하는 인터넷 시대, 이 책은 모든 청소년들이 읽어야 할 필독서로 손색이 없습니다. 기자를 꿈꾸는 학생들뿐 아니라, 민주주의 사회를 살아갈 모든 젊은이들이 이 책을 읽어봤으면 좋겠습니다.

| 옮긴이의 말 |

　내인생의책으로부터 청소년을 대상으로 한 교양도서 시리즈 가운데 하나라며 《Is the Media Too Powerful?》의 번역을 의뢰받았을 때, 더구나 분량이 적다는 말을 들었을 때, 내가 상상했던 책은 수 년 동안 대학에서 강의했던 〈미디어의 이해〉라든가 〈미디어와 사회〉 등의 축소판이었다. 신문, 라디오, 텔레비전, 인터넷 등의 발달사와 각 미디어에 대한 기술적 내용을 살피고, 이른바 매스미디어라는 근대적 매체의 등장으로 정치와 사회, 문화 등이 어떻게 변화했는지를 열거하는 책 말이다. 또 각 미디어의 제작 과정을 간략히 설명하고, 미디어의 영향력 또는 그 효과에 대한 생각이 어떻게 바뀌었는지 등을 다루리라 생각했다. 청소년을 대상으로 한 분량이 적은 책이라 하니, 구체적이고 논쟁적인 이슈들은 많이 다루지 않고, 미디어의 위용을 보여주는 여러 사진과 도표들이 등장할 것이라 생각했다.

　그러나 책을 보고 난 뒤, 대학에서 내가 강의했던 내용이나 참고했던 책들이, 다시 말해서 내가 미디어를 보는 눈이 다소 도식적이고 틀에 박했던 것은 아닌지 살짝 반성했다. 이 책은 추상적이고 이론적인 관점에서 미디어를 두루뭉술하게 설명하지도, 그렇다고 실용적이고 미시적인 관점에서 미디어의 현란한 기술이나 그 장밋빛 미래를 보여주지도 않는다. 21세기 글로벌 사회의 복잡한 정치·경제적 배경 속에서 더욱 강력해진 미디어에 초점을 맞추고 현실적이며 논쟁적인 문제들을 다룬다. 너무 단도직입적으로 이런 복잡한 문제들을 제시하면 청소년들이 이해하기 어렵지 않을까라는 우려는, 다시 생각해 보니 기우에 지나지 않았다. 일상에서 미디어를 이용하며 그를 통해 세상을 이해하는 데서 멈추지 않고, 자신이 이해한 사회와 문화를 미디어로 표현하는 게 당연하고 자연스러운 세대가 바로 내가 고리타분하게 가르치려 들었던 청소년들이니 말이다.

이 책은 "오늘날 미디어의 힘은 너무 강력한가?"라는 질문을 중심으로 여섯 개의 작은 질문들이 효과적으로 구성되어 있다. 각 장의 제목을 풀어서 다시 적어보면 "미디어가 무엇이기에 너무 강력하다는 거지?"(1장), "미디어가 얼마나 강력하다는 거지?"(2장), "미디어가 우리에게 무슨 영향을 주기에 강력하다는 거지?"(3장), "그렇다면 강력한 미디어가 우리의 자유를 보호해 준다는 건가?"(4장), "강력한 미디어를 어떻게 규제하지?"(5장), "그런 미디어가 어떻게 변하는 거지?"(6장) 등이다. 사실상 미디어와 관련한 모든 문제를 다루는 구성이다. 각 장에서는 질문과 관련한 최근의 사건들을 사진과 함께 소개하고, 핵심 내용을 전문가의 의견으로 설명하며(《전문가 의견》), 논쟁적인 이슈를 둘러싼 상반된 의견을 제시한 뒤 독자의 의견을 물으며 토론과 성찰을 유도한다(《함께 토론해 봅시다!>).

특히 미디어를 규제하려는 정치적·경제적 압력과 언론의 자유(또는 표현의 자유), 미디어가 행사하는 강력한 영향력 그리고 개인의 사생활과 명예훼손문제는 동전의 양면처럼 얽힌 현대 미디어의 핵심적인 문제이자, 이 책의 원제가 "미디어는 너무 강력한가?"라는 질문형인 까닭이다. 또한 마지막 장에서 논의하는 '시민 저널리즘'은 인터넷과 모바일 미디어를 통해 변화하는 미디어의 모습을 보여준다. 올해 치르게 될 두 번의 선거는 SNS 선거가 되리라 전망하는 2012년, 이 책을 읽는 청소년들은 페이스북을 하고 트위터를 하는 자신들의 일상적인 행동이 왜, 얼마나 힘 있는 미디어 행위가 되는지 쉽고 강력하게 이해할 수 있을 것이다.

| 이 책을 읽을 학생과 학부모님께 |

　오늘날 미디어는 민주주의의 본질을 지키는 핵심적인 사회 제도로 여겨집니다. 그래서 사람들은 자유로이 말할 수 있는 자유, 즉 언론과 표현의 자유를 미디어에 주어야 한다고 생각합니다. 또 언론은 권력과 사회 부조리를 감시하고, 미처 눈이 닿지 않는 약자들을 위해 말해야 한다고 주장합니다. 이 때문에 미디어가 정부의 통제를 받아서는 안 되며, 미디어가 스스로를 자율적으로 통제하는 게 바람직하다고 합니다. 특히나 독재 권력에 대한 트라우마가 있는 우리나라 국민들에게 언론에 대한 감시 및 압력은 굉장히 예민한 사안입니다. 민주적으로 선출된 정부가 들어선 지 상당한 시간이 지났지만, 사람들은 여전히 정치·경제 권력에 의해 언론의 자유가 침해받는다고 생각합니다. 일례로 한 방송사에서는 정부로 인해 언론의 자유를 침해당하고 있다며 장기파업에 들어갔습니다. 어떤 대기업은 광고를 빌미로 언론사를 압박한다는 비난을 받기도 합니다.
　하지만 언론의 자유를 권력 삼아 마음대로 휘두르는 언론도 있습니다. 확실하지 않은 사실을 크게 보도하고, 사실이 아님이 드러나더라도 책임지지 않는 경우도 있습니다. 이로 인해 많은 사람들이 고통 받아도, 언론은 '알 권리'를 위해 그랬다며 책임을 회피합니다. 게다가 언론의 자유라는 방패 뒤에 숨어, 교묘히 언론사주의 사적 이익이나 미디어의 재정을 채워주는 광고주의 이익을 위한 편파적인 보도를 하기도 합니다. 때로는 정부의 감시자가 아닌 대변인으로 나서기도 합니다. 이런 행위를 통해 우리나라의 미디어뿐만 아니라 세계의 많은 미디어가 이익을 얻고 있습니다. 언론이 여론을 호도하고 소수를 위해 봉사하는 건 전 세계적으로 문제가 되는 현상입니다. 이는 다수 대중의 이익을 해치는 행위가 될 수 있으며, 민주주의의 근간을 흔들 수 있습니다.

　이러한 언론의 두 얼굴은 우리로 하여금 언론을 자유롭게 두어야 할지, 아니면 규제해야 할지 사이에서 갈등하게 합니다. 또한 자유와 규제 사이의 균형점은 미묘해서 자칫 어느 한 쪽으로 치우친다면 사회에 큰 영향을 미칠 수도 있습니다. 이 책은 미디어가 불편부당한 완전한 존재가 아님을 인정합니다. 언론의 자유를 지키면서도 언론이 시민의 자유와 권리를 지키게 하며 대중을 위해 봉사하게 만들려면 우리가 무엇을 해야 할지에 대해 끊임없이 질문을 던집니다.

　시민 저널리즘 그리고 소셜 네트워크 서비스SNS와 같은 새로운 기술이 힘을 얻고 있는 21세기 새로운 미디어 환경에서 살아가게 될 우리는 그동안 미디어가 우리 사회에 끼친 공과 과를 정확하게 따져 보고, 그 책임과 권리를 짚어볼 필요가 있습니다. 이를 통해 언론의 자유도 지키면서 미디어가 무소불위의 권력을 마음대로 휘두르지 못하게 할 그 지점을 찾아야 합니다. 그 과정은 어쩌면 우리가 잘 모르던 미디어의 불편한 진실에 대해서 알아가는 과정이 될지도 모릅니다. 이 책이 우리 학생들로 하여금 새로운 미디어 세상을 만들어갈 수 있는 하나의 계기가 되기를 진심으로 바랍니다.

미디어란 무엇일까요?

미디어가 얼마나 중요한지 알고 싶다면, 일상생활에서 우리가 얼마나 미디어에 자주 노출되는지 생각해보세요. 대개 여러분은 아침에 텔레비전, 라디오 또는 컴퓨터를 켜며 하루를 시작할 것입니다.

여러분은 텔레비전을 보는 데 하루에 몇 시간이나 쓰나요? 이메일, 문자메시지 또는 인터넷 서핑에 많은 시간을 빼앗기고 있지는 않나요?

사람들은 텔레비전이나 인터넷 없이는 못 살겠다고 합니다. 그렇다면 미디어가 우리 삶에 너무 강력한 영향을 미치는 건 아닐까요? 미디어가 우리 개개인과 사회 전체에 지나치게 큰 영향력을 행사한다고 느낀 적은 없나요?

'미디어'라는 단어는 신문과 텔레비전 및 라디오 등의 매체를 설명할 때 주로 사용합니다. 그리고 '매스미디어(대중매체)'는 일반 대중과 소통하고자 고안된 모든 정보통신기술을 뜻해요. 그러므로 인터넷, 책, 블로그, 트위터, 팟캐스트 등을 비롯해, 휴대전화, 영화, 비디오게임 모두 매스미디어의 한 종류로 볼 수 있습니다.

전문가 의견

캐나다의 미디어 이론가인 마샬 맥루한Marshall McLuhan(1911~1980)은 미디어가 우리의 삶과 정체성 등 모든 부분을 규정하면서 현대 사회에 부정적인 영향을 미쳤다고 생각했다.

"어떤 기술이든 인간 환경을 새롭게 만든다…. 기술 환경은 그저 사람들의 생각을 담는 수동적인 그릇이 아니라, 사람들과 다른 기술들까지도 재구성하는 적극적인 과정이다."

마샬 맥루한,
《구텐베르크 은하계The Gutenberg Galaxy》에서

맥루한은 "전자 커뮤니케이션이 세계를 지구촌으로 바꾸었다."는 말로 유명하다. 정보통신기술의 발달은 뉴스와 의견을 전 세계 누구에게나 쉽게 전달할 수 있게 만들었다.

우리는 미디어를 통제하고 있을까요?

매스미디어를 통제하는 방식은 나라마다 다릅니다. 보통 민주 국가라 여겨지는 사회에는 출판과 **언론의 자유**가 있지요. 개인이 근거 없는 비난을 받지 않도록 보호하는 법을 준수하는 한, 언론인과 출판사는 어떤 내용이든 보도하거나 출판할 수 있어요. 민주 국가에서는 정치인들이 미디어를 통제하지 않으려 노력하며, 주로 미디어가 자율적으로 스스로를 규제합니다.

하지만 정기적인 선거를 거의 시행하지 않는 **권위주의** 정부의 경우, 종종 국가가 직접 미디어를 운영합니다. 때로는 미디어를 통제하기 위해 정치적 압력이나 법, 심지어 물리적인 폭력까지 동원하기도 합니다.

현대 정보통신의 발달로 세계 어디서든 누구나 뉴스 채널과 신문을 생산할 수 있고, 접근할 수 있다. 이제 미디어는 세계적인 사업이다. 중동의 알 자지라 방송과 같은 미디어 회사들은 독자와 시청자 그리고 뉴스를 놓고 국제적인 경쟁을 벌인다.

권위주의 사회의 언론은 자유롭지 않고, 출판물은 엄격하게 **검열**당합니다.

…아니면 미디어가 우리를 통제하는 걸까요?

맥루한 등 미디어 전문분석가들은 어떤 나라에서든 실제 미디어의 힘이 우리가 생각하는 것보다 훨씬 강력하다고 주장합니다. 맥루한은 신문과 인터넷 등의 현대 미디어가 사실상 우리를 특정 방식에 따라 생각하고 행동하도록 만든다고 합니다. 우리들이 짐작하는 것보다 미디어는 더 강력한 힘을 가졌다는 거죠.

미디어의 출현

현대 사회의 미디어가 어떻게 강력한 힘을 갖게 되었는지 이해하려면, 미디어의 역사를 알아야 합니다.

1440년대에 구텐베르크 Johannes Gutenberg가 활판 인쇄기를 발명하기 전까지,

매스미디어의 발달

1440년대	구텐베르크 인쇄술 발명
1702년	〈데일리 커런트〉 발간 (최초의 일간신문―옮긴이)
1920년대	미국에서 최초의 라디오 방송국이 개국
1925년	존 로지 베어드 John Logie Baird가 최초로 텔레비전 신호를 전송
1928년	미국에서 텔레비전 방송 시작
1938년	오손 웰즈 Orson Welles의 《우주전쟁 The War of the Worlds》이 방송되어 미국인들이 공포에 빠짐(화성인의 침공을 다룬 오손 웰즈의 소설 《우주전쟁》을 실제 뉴스처럼 극화하여 방송하자, 사람들이 이를 사실로 받아들여 탈출 소동을 벌인 사건―옮긴이)
1949년	미국에서 네트워크 텔레비전 방송 시작
1954년	NBC가 최초로 미국 전역에 컬러 방송 시작
1967년	BBC2에서 첫 컬러 방송 시작
1972년	미국에서 컬러TV가 흑백TV보다 많아짐
1990년	위성방송 시작
1990년	인터넷 상용화

책이나 다른 읽을거리를 만들려면 시간과 비용이 많이 들었습니다. 책은 대중매체의 한 종류이긴 합니다. 하지만 그 제작 비용이 많이 드는 데다 문맹률도 높아, 활판인쇄기술이 나타나기 전까지는 극소수의 사람들만 책을 향유할 수 있었습니다. 그러니 엄격히 말하자면 1440년대 전까지 책은 대중매체라고 하기 어렵습니다.

활판인쇄기술이 발명된 뒤, 책은 적은 비용으로도 많이 찍어낼 수 있게 되었어요. 산업 기술이 발전하고, 더 많은 사람들이 글을 읽고 쓸 줄

18세기 런던의 커피하우스와 선술집은 당시 기자들이 음료를 즐기며 정보를 교환하는 장소였다. 오늘날에도 저널리즘은 비슷한 방식으로 움직인다. 언론인들은 여전히 정치인, 사업가, 공무원 등과 접촉해야 하며, 자신에게 편안한 환경에서 만나는 것을 선호한다.

현대 정치인들은 능수능란한 연기자가 되어야 한다. 미디어를 잘 다루는 게 정치인의 주요 업무이며, 이는 여론에 영향을 미칠 수 있는 결정적인 수단이다. 프랑스 정치인인 마리 조르주 뷔페Marie-George Buffet(프랑스 공산당 대표)가 보여주듯이, 미디어를 다루는 핵심 기술은 미디어의 열광적인 관심 속에서도 평상심을 유지하는 능력이다.

알게 되면서 출판 시장도 점점 커졌습니다. 그러자 신문이라는 새로운 시장이 생겨났어요. 산업화되고 풍요로워진 18세기 유럽 사회에서 특히 그런 현상이 나타났습니다. 이제 책과 신문의 독자들은 대량생산과 대량소비를 특징으로 하는 현대 사회의 진정한 '대중'이 되었습니다. 이는 곧 많은 사람들이 같은 정보를 읽을 수 있음을 뜻했지요.

현대 사회와 여론

실제로 대중매체가 생겨나고, 현재 우리가 말하는 '여론'이 형성된

> **전문가 의견**
>
> 미국의 사회학자 밀즈는 현대 사회에서 매스미디어가 발전했다 해서 반드시 대중들에게 더 나은 정보가 제공되는 것은 아니라고 했다.
>
> "대중을 설득하는 데 이용할 수 있는 수단이 많아지면서 대중은 통제, 관리 및 조작의 대상이 되었으며, 점점 더 (매스미디어에 의해) 위협당하게 되었다."
>
> 찰스 밀즈, 《파워 엘리트 The Power Elite》에서

것은 18세기입니다. 독일의 미디어 전문가인 위르겐 하버마스 Jurgen Habermas(1929~)는 여론이 영국에서 처음 발생했다고 보았죠. 이 당시 런던의 커피하우스는 새로운 사회 엘리트—사업가, 언론인, 정치인 등—가 그날의 사안에 대해 논쟁하거나 의견을 교환하는 장소였습니다. 이러한 특권 계층의 카페 모임은 이내 다른 소통 방식을 필요로 했죠. 이런 욕구를 충족하고자 만들어진 것이 바로 1702년 창간한 영국 최초의 일간지 〈데일리 커런트 Daily Courant〉였습니다. 새로운 엘리트 계층과 초기 신문은 곧 중요한 사회 세력으로 부상했죠.

그러나 하버마스와 찰스 밀즈 Charles W. Mills(1916~1962, 미국 사회학자) 등의 전문가들은 매스미디어의 출현이 바로 민주적인 사회로 이어지는 건 아니라고 주장합니다. 오히려 18세기 초 등장한 새로운 매스미디어는 사회 엘리트 집단의 이해를 반영하였고, 여론을 관리하거나 통제하는 데 이용됐다고 합니다.

타임워너AOL Time Warner 사는 세계에서 가장 큰 복합기업 가운데 하나로, HBO와 CNN 등의 TV 채널 및 〈마리 끌레르Marie Claire〉 등의 잡지를 소유하고 있다. 이 기업은 제프리 뷰케스Jeffrey Bewkes가 이끌고 있으며, 그의 연봉은 1900만 달러(약 213억 원)다.

미디어 소유권

미디어의 힘이 너무 강하다고 주장하는 사람들은 미디어가 소수의 소유주에 의해 통제된다는 사실을 지적합니다. 미국의 경우 10개의 회사가 전체 미디어 시장을 장악하고 있습니다. 영국에서는 겨우 4개의 회사가 전국 일간지와 주말 신문의 85퍼센트를 차지하고 있죠. 게

다가 이러한 거대 기업들은 점점 다국적화되고 있어요. 예를 들어 루퍼트 머독Rupert Murdock의 소유인 뉴스코퍼레이션News Corporation 사는 계열사로 뉴스인터내셔널News International 사를 두고 있습니다. 뉴스인터내셔널은 〈타임스The Times〉를 비롯, 〈선데이 타임스The Sunday Times〉〈타임스 서플리먼츠Times Supplements〉〈더 선The Sun〉〈뉴스 오브 더 월드News of the World〉 등 영국의 많은 신문사를 거느리고 있죠. 뿐만 아니라 뉴스코퍼레이션은 복합기업, 즉 여러 대기업이 하나로 연합된 거대 기업체입니다. 그러다보니 뉴스코퍼레이션 휘하의 다른 기업들도 영국과 미국, 호주와 태평양군도의 많은 신문사, 출판사, 텔레비전 및 라디오 방송국 등을 운영하고 있습니다. 이 밖에도 소니Sony, 베텔스만Bertelsmann AG, 비아컴Viacom, 타임워너Time Warner 등 수많은 거대 미디어 기업들이 존재합니다. 그렇다 해도 소수의 거대 기업이 언론 시장을 지배한다는 사실에는 변함이 없어요.

미디어 독점은 왜 문제가 될까요?

어떤 사람들은 거대 복합기업과 그것을 소유한 부자들이 미디어에서 어떤 이야기를 어떻게 보도할지 선택하는 과정에 막대한 영향력을 행사한다고 주장합니다. 예를 들어 머독을 비판하는 사람들은 머독 소유의 영국 신문들이 국영 방송인 BBC를 유난히 날을 세워 비판하는 경우가 많다고 지적하죠. 소수의 거대 기업이 미디어 시장을 과점하면, 뉴스 보도는 당연히 사람들에게 편협한 관점의 정보만을 제공할 수밖에 없어요.

함께 토론해 봅시다!

미디어 거물에 대해서는 엇갈린 평가가 이루어지고 있다.

루퍼트 머독의 폭스 뉴스Fox News와 경쟁하는 CNN의 창립자 테드 터너 Ted Turner는 폭스 뉴스가 2005년 부시 대통령을 지지하는 '**선전선동**(프로파간다)'을 했다고 비판했다.

"당신이 더 크다고 해서 더 옳은 것은 아니다."
테드 터너, 텔레비전 경영진에게 한 연설에서

"머독이 성취한 것은 세계적인 미디어 제국을 창조하고 통제한 유일한 미디어 거물이라는 사실이다. 머독은 새로운 정보통신기술이 가져온 기회를 그 누구보다 빨리 이해하였고, 처음으로 국제 언론과 텔레비전 전파망을 만들어냈다."
윌리엄 쇼크로스William Shawcross, 〈타임 매거진Time magazine〉(1999)에서

여러분의 생각은 어떤가요?

한편 미디어 기구를 운영하는 데는 많은 자본이 필요하며, 거대 기업은 경쟁 회사를 무너뜨리기 위해 비용을 낮추고 상품을 싸게 팔 수 있습니다. 그렇지만 막대한 광고 수익은 이익충돌을 발생시킬 수 있어요. 이때 발생하는 이익충돌이란 언론사의 사적 이익 추구와 공익 수호라는 언론사의 책무가 부딪치는 것을 말합니다. 학자들에 따르면, 그런

실비오 베를루스코니 Silvio Berlusconi의 미디어 제국은 케이블TV 회사로 시작했다. 곧 그 세력은 지역 TV 네트워크 회사로 확장됐고, 이탈리아의 가장 큰 출판사까지 인수했다. 2001년 베를루스코니가 수상이 되었을 때, 이탈리아 TV의 90퍼센트는 그의 손아귀에 들어간 상태였다고 한다.

갈등의 최종 결과물은 크게 두 가지입니다. 하나는 언론이 재계를 비판하길 꺼리는 나태한 저널리즘의 등장입니다. 또 다른 결과물은 언론이 잘 팔리는 기사, 즉 흥미 위주의 선정적 기사와 유명인이나 여성의 나체 사진 등으로 도배한 **타블로이드** 신문을 만들어내는 것입니다.

    이런 주장들은 논쟁의 여지가 있고, 입증하기 어려울 수도 있습니다. 그러나 분명한 것은 미디어 소유권이 분산될수록 더 다양한 여론을 반영하는 미디어 산업이 만들어진다는 사실입니다.

---

* 신문은 크게 **브로드시트**와 타블로이드로 나뉩니다. 브로드시트는 정치나 심각한 시사문제 등에 초점을 맞추고, 타블로이드는 연예인의 스캔들 등에 더 비중을 둡니다.

2 CHAPTER
미디어는 얼마나 강력할까요?

미디어가 민주주의의 필수 요소라 주장하는 사람들은 정치인들에게 책임을 추궁하려면 미디어가 강력한 힘을 가져야 한다고 주장합니다. 그러나 이와 반대로 정치인과 관료들이 미디어를 조종할 수도 있지 않을까요?

버락 오바마Barack Obama 대통령이 기자회견장에서 질문을 받고 있다. 좋은 질문을 하면 기자로서의 명성을 높일 수 있기 때문에, 기자들 사이에 질문 경쟁이 매우 치열하다.

정치인과 미디어

오늘날 정치인들이 공적 생활에서 성공하려면 대중매체에 긍정적인 이미지로 비쳐야 합니다. 그래서 정치인들이 여론 전문가나 **스핀닥터** 등을 고용해서 매체 노출 기술을 개선하거나 언론에 비치는 자기 모습 또는 정책을 조종하는 일은 흔합니다.

정치인들은 몇 가지 방식으로 뉴스를 만듭니다. 정치인들은 인터뷰를 할 때 질문에 직접적으로 답변하지 않으려고 자신의 정적政敵이 한 말이나 행동 쪽으로 주의를 분산시키거나, 애매하고 장황한 답변을 늘어놓습니다. 또 기자에게 '오프 더 레코드(언론 보도를 하지 않음을 전제로 하는 담화─옮긴이)'로 이야기하는 경우가 있는데, 이때는 주로 정적에 대한 비판적인 정보나 소문을 전하죠. 또 다른 방법은 다른 중요한 사건이 언론을 도배하다시피 할 때 자신에 관한 부정적인 뉴스를 슬쩍 내보내는 겁니다. 이렇게 하면 자신에 대한 뉴스는 덜 주목 받거나, 심지어 보도되지 않는 행운을 누리게 되죠.

한편 정치인들은 특정 언론인과의 대화를 거절할 수도 있어요. 언론인은 항상 정보가 필요하므로, 정치인이 자신을 상대하지 않거나 경쟁 언론인에게만 정보를 제공하면 보도할 내용이 없어집니다. 결국 언론인은 스스로 말하는 바를 조심하게 되는데, 이는 **자기 검열**의 한 형태라 할 수 있습니다.

미디어 활용의 요령

미디어는 사회 문제와 정치인의 이미지를 형성하는 역할을 합니다.

> **전문가 의견**
>
> "뉴스가 점차 엔터테인먼트 프로그램이나 스포츠와 비슷한 포맷을 사용하고 그들과 경쟁하기 때문에, 뉴스의 논리도 엔터테인먼트나 스포츠의 논리와 비슷해진다. 뉴스에도 극적 요소, 긴장, 갈등, 경쟁, 탐욕, 기만, 승자와 패자를 집어넣으며, 가능하다면 섹스와 폭력도 삽입한다. 뉴스도 스포츠 중계의 속도와 언어를 따라간다. 이른바 '경마 정치(정치를 경마처럼 보도하는 행태-옮긴이)'가 등장한 것이다. 정치는 마치 야망, 책략, 전술 그리고 그 대응 전술이 끝없이 이어지는 게임처럼 보도된다. 이는 내부 폭로전과 지속적인 자체 여론조사 등을 통해 가능한 것이다."
>
> 마누엘 카스텔Manuel Castells, 《정보 시대The Information Age》 2권에서

하지만 정치인들도 이 과정에 적극적으로 동참합니다. 1988년 이후 미국 대통령 선거 제도의 특징으로 자리잡은 공개 토론회가 그 좋은 예입니다. 여기에서는 침묵을 유지하는 기술을 쓸 수도 있지만, '개 호루라기 정치'나 상대 후보에 대한 네거티브 공격이 더 효과적이죠. 사람에게는 들리지 않지만 개에게는 잘 들리는 개 호루라기처럼, 특정 계층만 이해할 수 있는 표현을 사용하면 정치인은 나중에라도 그 발언을 쉽게 부인할 수 있어요. 일례로 2008년 대통령 선거 당시 존 매케인John McCain 후보는 모호한 말로 유권자의 인종차별주의에 호소했다는 비난을 받기도 했죠.

최초의 희생자

흔히 전쟁에서 '최초의 희생자'가 되는 것은 '진실'이라고 합니다. 이는 영국의 언론인 필립 나이틀리Phillip Knightley가 그의 저서 《최초의 희생자The First Casualty》에서 한 말입니다.

자기 나라가 치르는 전쟁에 대해 보도할 경우, 아무리 기자로서 훈련을 잘 받았다 하더라도 완전히 **편견**을 배제하기가 어렵지요. 지금 우리나라가 전쟁에 지고 있다고 상상해 봅시다. 아마 아군의 대패 사실이나

베트남 전쟁(1961~1975) 당시 미군이 시체 운반용 부대를 헬리콥터에 싣는 모습. 베트남전 이후 몇몇 국가들의 미디어는 전쟁의 실상을 상세히 보여주지 않게 되었다. 일례로 영국과 미국의 대중은 미디어에서 이라크전과 아프간 전쟁 사진을 그다지 접할 수 없다.

사상자 수를 축소 보도하고 싶은 유혹을 느끼지 않을까요? 어쩌면 적국의 승전보가 진짜인지 의심할지도 모릅니다. 심지어 기자가 자국과 관련이 없는 전쟁을 보도하더라도, 어느 한 편에 마음으로 동조한다면 편향된 보도를 할 수도 있어요.

전쟁에서 미디어의 역할

전시戰時에는 미디어의 역할이 모호해집니다. 미디어는 결과가 무엇

사이공에서 로안Loan 장군이 북베트남군 병사를 처형하는 장면을 담은 에디 아담스Eddie Adams의 이 사진은 수많은 사람들에게 베트남 전쟁의 야만성을 보여주었다. 과연 전쟁에서 미디어의 역할은 무엇일까?

이 됐든 진실만을 보도해야 할까요? 아니면 모든 것을 무시하고 자기 나라를 응원해야 할까요? 정부와 군에게 언론 보도는 전쟁의 목표 자체를 위태롭게 만들 수 있는 힘을 가진 존재입니다. 단지 군사 정보를 유출하기 때문만은 아닙니다. 예를 들어 베트남 전쟁의 경우, 미군의 시체 운반용 부대가 산더미처럼 쌓인 끔찍한 광경을 방영한 텔레비전 보도로 말미암아 미국의 여론이 참전에서 반전으로 돌아섰다는 주장이 있습니다. 만일 베트남 전쟁 보도가 없었다면, 미국 국민은 전쟁의 참상은 까맣게 모른 채 자국 정부를 지지했을 것입니다. 이처럼 민주 정부라 하더라도, 특히 전시에는 국민의 눈과 귀를 가리고 잘못된 길로 이끌 수 있습니다. 그러므로 항상 미디어의 보도에 대해 의심할 필요가 있는 거죠.

이스라엘 군인들의 유품을 진열해 보이는 하마스(팔레스타인의 이슬람 저항운동 단체-옮긴이) 대원들. 텔레비전 프로그램 제작자들은 이런 이미지를 어떻게 다루어야 할지 쉽지 않은 결정을 내려야 한다. 만약 이런 사진을 공개하지 않는다면 언론인으로서의 임무를 수행하지 않는 것으로 비춰질 수 있고, 그 결과 사람들은 잘못된 정보를 얻게 될 것이다.

종군 기자

정보통신기술이 발전하고 미디어가 현대 생활의 모든 영역에서 큰 역할을 하게 되면서, 사람들은 정부와 군에서 무슨 일이 일어나는지 더 알고 싶어 하게 됐어요. 정부와 군대는 이러한 요구에 발맞춰야 했지요. 많은 나라에서 군은 군부대에 소속되어 군의 감독을 받는 '**종군 기자**' 제도를 도입하여 뉴스를 제공하고 있습니다.

그러나 비평가들은 미디어와 군의 긴밀한 관계에 따라 발생할 수 있는 잠재적인 문제를 지적하지요. 종군 기자는 군의 입장에 점점 공감하게 될 것이고, 따라서 여기저기 돌아다니며 진실을 폭로할 기사거리를 찾을 수 있는 자유는 점점 축소될 거라고 비판합니다.

전문가 의견

BBC 기자였던 마틴 벨Martin Bell은 1990년대 보스니아 전쟁에서 직접 겪은 종군 기자의 현실을 다음과 같이 밝혔다.

"우리는 스스로를 검열한다. …우리가 보여줄 수 없는 것들이 있다. 사라예보의 시장에 박격포를 쏘는 장면이나, 크로아티아군이 엄마와 조부모, 아이들 등 일곱 명의 무슬림 가족을 불에 타 죽게 한 아미치Ahmici 마을의 광경 등이 그것이다. 텔레비전 보도가 관련 사건을 과장한다거나, 사건을 맥락에서 떼어 내 왜곡한다는 비판을 자주 받긴 한다. 하지만 보스니아에서는 알고 있는 사실은 축소 보도해야 했으며, 알지 못하는 사실은 충분하지 못한 상태 그대로 보도해야 했다."

마틴 벨, 《위험한 상태In Harm's Way》에서

테러의 보도

미디어가 테러를 다루는 방식을 두고 어떤 사람들은 "그냥 테러를 전쟁처럼 다루면 되지 않을까?"라고 쉽게 생각합니다. 그러나 이는 테러를 쉽게 정의할 수 있다거나 이해할 수 있다는 생각에서 비롯된 것입니다. 이런 식으로 접근하면, 미디어에 대해 제기할 수 있는 문제들은 상당히 적어집니다. 즉 미디어가 테러리스트의 행위를 긍정할지 부정

함께 토론해 봅시다!

사람들은 동일한 단어를 전혀 다른 뜻으로 사용하기도 한다.

"…어떤 사람에게는 테러리스트인 사람이 다른 이에게는 자유의 투사일 수 있다. 또 한때 테러리스트였던 사람들이 선출직 공무원으로 자리 잡은 경우도 많다."

〈가디언〉 편집 매뉴얼에서

"역사적 의제들과 제네바 협약을 포함한 국제법에는 반체제인사와 국가가 합법적으로 사용할 수 있는 폭력을 제한하는 일반 원칙들이 담겨 있다. 이 원칙들은 테러를 주관적으로 보지 않게 한다. 즉 한 사람에게 테러리스트인 자가 다른 이에게 자유 투사일 수는 없다."

프레드 홀리데이Fred Halliday,
《세계를 뒤흔든 두 시간Two Hours That Shook the World》에서

여러분의 생각은 어떤가요?

할지, 폭력적인 이미지를 보여줘야 하는지, 대중이나 대 테러부대를 위협할 수 있는 정보를 공개하지 않기 위해 무엇을 할 수 있는지 등뿐입니다.

그러나 이런 접근법으로는 테러가 무엇이고 어떤 식으로 작동되는지를 이해할 수 없습니다. 테러는 다양한 방식으로 발생하지만, 결국 그 핵심은 정치적 목적을 위해 폭력을 이용하는 것, 즉 정치적 폭력이라는 사실입니다.

테러리스트들은 대중을 공포와 공황상태로 몰아넣고 정치 지도자를 위협하여 정치적 변화를 이끌어내기 위한 방법으로써 일반인에게 폭력을 자행하지요. 테러가 매스미디어 의존 전략을 펴는 이유는 대중매체의 보도 없이는 테러의 효과가 떨어지기 때문입니다. 이 때문에 언론은 딜레마에 빠지고 맙니다. 과연 언론은 테러를 공표하고 보도해야 할까요? 아니면 테러 보도를 전면적으로 금지해야 할까요?

언론인의 전문성은 신뢰할 수 있을까요?

많은 미디어 전문가들은 이 문제가 전혀 딜레마에 빠질 일이 아니라고 주장할지도 모릅니다. 어려운 판단인 것은 분명합니다. 그러나 언론인으로서 받은 훈련과 전문가적 판단이 테러를 무심결에 미화하거나 정당화하는 일과 대중에게 책임감 있게 진실을 알리는 일 사이에서 균형을 유지할 수 있게 만들 것이라고 자평합니다.

그렇지만 어떤 사람들은 미디어의 전문성을 신뢰할 수 없는 충분한 이유가 있다고 주장합니다. 예를 들어 캐나다 자유당 당수였던 마이클 이그나티에프Michael Ignatieff는 1993년 BBC에서 민족주의와 테러리즘에 관한 시리즈 프로그램을 만들었습니다. 이그나티에프는 정치적 폭력을 정당화하는 사람들과 대화를 나누어보지 않고 그들을 이해하는 것은 불가능하다고 주장했어요. 그러나 BBC는 북아일랜드에서 활동하는 로열리스트(영국의 북아일랜드 합병을 지지하는 준군사단체 테러리스트 집단―옮긴이)와의 인터뷰 촬영과 방영을 허가하지 않았습니다.

서양의 미디어는 이 사진에서 보이는 것처럼 이슬람교도에 대한 정형화된 이미지를 생산한다는 비판을 받는다. 서양인들은 부르카(이슬람 여성들이 입는 눈만 보이는 장옷―옮긴이)와 휴대전화가 함께 등장하는 사진을 보고 명백한 모순을 강조하려는 의도를 느낀다. 물론 이슬람 사람에게는 전혀 모순된 부분이 없다.

3 CHAPTER

미디어는 어떻게 우리에게 영향을 줄까요?

미디어는 현대 사회의 생활 속에 항상 영향력을 미치고 있습니다. 또 미디어는 사회적 병폐의 진범을 대신할 희생양을 찾는 대중들에게 손쉬운 목표물이 되기도 합니다. 현실에서 미디어가 인간의 행동에 미치는 영향을 정확하게 측정하기는 어렵습니다. 미디어가 항상 모든 사람들에게 영향을 미칠 수는 없기 때문이죠. 하지만 특정 시기, 특정 인물들에게 강력한 영향을 미칠 수는 있습니다.

수많은 미국인들이 속았던 가짜 침공 방송이 나간 뒤 오손 웰즈가 기자들과 인터뷰를 하는 모습. 오손 웰즈는 외계인의 지구 침공을 다룬 H.G. 웰즈의 공상과학 소설을 라디오로 방송했다.

1999년에 발생한 콜럼바인 고등학교 총기난사사건은 폭력적인 영화와 게임의 영향력에 대한 논쟁을 불러일으켰다. 콜럼바인 고등학교 참사를 일으킨 범인들은 〈둠Doom〉과 같은 컴퓨터 게임을 즐겼고, 영화 〈내츄럴 본 킬러Natural Born Killers〉의 팬이었다.

미디어의 힘

1949년 조지 오웰George Orwell이 그의 소설 《1984》에서 매스미디어의 힘으로 사람들의 생각을 통제하는 사회를 그려냈듯이, 현대 사회에서 미디어는 사람들을 통제하는 매우 효과적인 수단으로 여겨집니다.

미디어의 힘을 보여준 가장 유명한 사례는 오손 웰즈Orson Welles가 외계인의 지구 침공을 다룬 H.G. 웰즈H.G.Wells의 공상 과학 소설 《우주전쟁The War of the Worlds》을 가짜 뉴스로 만들어 라디오로 방송했던 사건입니다. 이 방송을 들은 청취자들은 실제로 외계인이 침공했다고 믿었고, 미국 동부 연안에는 대혼란이 일어났어요.

이렇듯 사람들은 항상 미디어에 잘 속아 넘어갈까요? 어떤 사람들은 그렇다는 근거로 사람들이 유행하는 패션이나 언론 캠페인을 빨리 받아들인다는 사실을 듭니다.

미디어의 힘이 가진 한계

미디어의 힘과 스스로 생각할 능력이 없는 수용자 둘 다 과장되기 쉽다는 사실을 기억할 필요가 있습니다. 분명히 사람들은 미디어에서 본 행동이나 태도를 모방하거나, 특정한 보도 때문에 공황상태에 빠질 수도 있어요. 하지만 동의하지 않는 언론보도 내용은 쉽게 흘려듣기도 하죠. 미디어 효과를 연구하는 심리학자와 사회학자 들은 사람들이 여러 요인의 영향을 받아 행동한다고 결론 내렸습니다. 미디어는 사람의 생각이나 행동에 영향을 미치는 요인 가운데 하나입니다. 하지만 미디어 단독으로 영향을 미치는 일은 매우 드물다고 합니다.

뉴스는 어떻게 생산될까요?

우리가 미디어를 통해서 읽거나 듣는 뉴스는 신문 지면이나 TV 화면에 이름이 등장하는 기자나 앵커뿐 아니라 다양한 사람들이 작업한 결

전문가 의견

"요즘 우리는 아이들을 통제하기 어렵다고 걱정하지만, 사실 이런 걱정은 지난 2000년 동안 어른들이 늘 하던 것이다. 1993년 영국의 영화 관람객 수는 1억 명에 조금 못 미쳤고, 비디오 대여는 7천 7백만 건 이상이었다. 그러므로 영국 국민만으로도 영화의 영향을 받아 영화에 나오는 폭력적 행동을 재연했다는 신뢰할만한 연구 결과가 나오리라고 충분히 예상할 수 있다. 하지만 그런 보고는 아직 없다."

가이 컴버배치 Guy Cumberbatch (영국 애스턴대학교 교수)

언론사는 엘리트 집단 출신의 직원을 채용하는 경향이 있다. 가장 명망 높은 언론사에서 일하는 기자들은 명문대학 출신인 경우가 많다. 사회의 최상위층에서 채용된 언론인들이 진짜로 모든 사람을 위해 말할 수 있을까?

과물입니다. 신문사나 방송국은 기사를 쓰는 기자들과 어떤 기사가 가장 흥미로운지, 어떤 기사를 신문 몇 면에 실을지 또는 뉴스에서 몇 분을 할당할지 결정하는 편집자들이 팀을 이루어 일하는 곳입니다. 기자들은 다양한 방식으로 **기삿거리**를 찾아 나섭니다. 가령 여러 기관에서 배포하는 공식적인 **보도자료**나, 정치인이나 재계 인사들과의 만남, 또는 부당한 처우를 받았다며 신문사나 방송국과 접촉하려는 사람들에게서 기삿거리를 얻어요.

전문가 의견

"뉴스로 선택되고 보도되는 기사는 사진과 그 기사의 인지적·상징적 힘에 의해 움직인다. 종종 언론사 자체에서 밀어주는, 생생한 사진과 감정적인 메시지가 담긴 부정적인 사건 기사들이 '오늘의 뉴스'로 선정된다."

주디 맥그리거 Judy McGregor(뉴질랜드 매시대학교 교수)

무엇이 뉴스가 될지를 누가 결정할까요?

편집자들은 기삿거리들 가운데 어느 것을 신문이나 방송에 내보내야 할지 결정합니다. 이런 일을 하는 사람을 '**게이트키퍼**'라고 하죠. 그들은 전문적 판단을 통해 어느 것이 뉴스로서 가치가 있을지 결정합니다. 그 과정에서 기사가 독자나 시청자의 관심을 끌 수 있을지 고려해요.

많은 편집자들, 특히 대중을 대상으로 한 일간지나 텔레비전 뉴스의 편집자들은 사회 명사에 대한 이야기나 드라마틱한 기사를 원하는 경우가 많아요. 기사 선정 시 또 다른 중요한 고려 사항은 할당된 지면과 방송 시간입니다. 만약 어떤 기사를 몇 백 단어나 몇 분 안에 전달할 수 없다면, 보도될 가능성이 적어질 수밖에 없어요. 이것은 복잡한 사안들을 핵심만으로 축약할 수 있어야 한다는 뜻입니다.

언론인들은 자신이 임무를 제대로 수행하지 못하면, 대중이 신문을 사거나 텔레비전 뉴스를 보지 않을 것이라고 주장하죠. 언론사들은 대중의 요구에 반응해야 하고, 그렇지 못하면 자신들이 생산한 상품에 대한 수요가 없어질 것이라는 뜻입니다. BBC의 프로그램 진행자인 제레미 팩스맨Jeremy Paxman은 1997년 다이애나 영국 왕세자비가 사망했을 때 "뉴스 편집자는 다른 주제를 다루고 싶어 했지만, 대중들이 원했기 때문에 연일 (다이애나 비 관련)방송을 했다."는 주장을 하기도 했습니다.

뉴스는 체계적으로 구성됩니다. 즉흥적이거나 무작위로 보도되는

커다란 사진과 극적이고 감정적인 헤드라인은 편집자들이 1면에 넣고 싶어 하는 핵심요소이다. 성공적인 뉴스 기사는 독자들에게 격렬한 감정을 불러 일으켜야 하지만, 자극적인 헤드라인이 항상 복잡한 문제를 이해시키는 최선의 방법은 아니다.

듯 보이지만, 실제로는 아주 신중하게 선택된 것들입니다. 그리고 현대 사회의 다른 상품처럼 뉴스도 대량생산됩니다.

광고

일부 학자들은 광고를 합법적인 형태의 사기라고 일컫습니다. 하지만 광고 회사들은 기업이 이익을 남기고 소비자가 최상의 상품을 선택하는 데 광고가 중요한 역할을 한다고 주장하죠. 미디어는 광고가 대중에게 고급 정보와 즐길거리를 제공한다고 합니다. 진실은 무엇일까요?

광고와 세뇌

1950년대 후반 미국의 작가이자 사회비평가인 밴스 패커드Vance Packard는 광고주가 소비자를 세뇌시킬 수 있다는 주장을 폈습니다. 즉 텔레비전이나 영화관에서 광

광고는 일부 사람들이 주장하는 것처럼 무서운 방식으로 작동하지는 않지만, 우리를 유혹할 수는 있다. 이 옛 광고는 마치 우리가 담배를 피우면 조금이라도 스타와 비슷해 보일 것이라며 독자를 매혹한다.

3. 미디어는 어떻게 우리에게 영향을 줄까요? | 43

만약 광고가 불완전하지만 메시지를 전하는 강력한 방법이라면, 광고반대운동의 광고도 그럴 수 있다. 이 사진처럼, 애드버스터는 소비자들이 자신을 돌아보게 한다. 이런 행위는 자본주의에 대한 위협일까, 아니면 합리적인 반론일까? 커뮤니케이션은 오직 광고주로부터 소비자에게 향하는 일방통행이어야만 할까?

고를 하는 동안 육안으로는 볼 수 없을 만큼 빠른 속도로 메시지를 잠깐씩 비추면 소비자가 세뇌당한다는 것이죠. 이러한 '서브리미널 광고(잠재의식 광고)'는 많은 논란을 불러일으켰지만, 오늘날 많은 이들은 과학이 이 이론에 결함이 있음을 증명했다고 합니다.

그러나 서브리미널 광고가 정말 효과적이라면, 왜 어떤 사람들은 그 광고의 영향을 받지 않고 비판할 수 있는지 설명하기가 어려워집니다. 사실 세계 곳곳에서 광고주 마음대로 하지 못하게 막자는 강력한 광고반대운동, 즉 **애드버스터** 운동이 벌어지고 있습니다.

애드버스터는 광고판에 체제 전복적 메시지를 쓰는 등 광고 산업에

함께 토론해 봅시다!

"광고에 대한 공격은 자본주의와 자유 언론, 엔터테인먼트 그리고 우리 아이들의 미래에 대한 위협이라는 사실을 인식해야 한다."
잭 마이어스 Jack Myers, 미국 미디어 위원회American Media Council에서

"신문, 잡지, 책, 방송 등이 거대 복합기업의 한 부분에 지나지 않는다면, 그 기업의 재정적 이해관계가 그들이 소유한 언론사의 기사 내용에 영향을 줄 게 분명하다. 잡지에 압력을 가해 계열사에서 만든 영화나 시트콤에 호의적인 리뷰를 싣거나, 편집자에게 압력을 넣어서 자사의 인수합병에 해를 끼칠 만한 비판적인 기사를 쓰지 못하게 할 수도 있다. 방송국 운영 허가를 내주는 행정기관이나 독점금지법 관련 고소를 심사하는 사법부를 신문으로 하여금 기웃거리게 해 압력을 넣을 수도 있다."
나오미 클라인 Naomi Klein(캐나다의 저널리스트, 《노 로고No Logo》의 저자)

여러분의 생각은 어떤가요?

대항하는 시위를 벌이고 있습니다. 애드버스터는 이런 활동을 '**문화 훼방**(광고에 나타나는 문화적 이미지를 조작하여 기존 이미지를 반박하거나 전복시키는 일—옮긴이)'이라 말합니다. 이 행위는 광고주들이 선보이는 이미지와 현실 사이의 모순을 드러내는 것이 목적입니다. 예를 들어 서양의 품질이 좋으면서도 값싼 옷들은 개발도상국의 아동 노동으로 비용이 절감되었기에 공급이 가능했었다는 사실을 알리는 것입니다.

광고와 언론사

언론사와 광고주의 관계에 대한 우려는 더 심각해지고 있습니다. 언론사의 수입 대부분은 광고로 충당되는데, 이 때문에 언론사가 수입 감소를 걱정해 대기업의 활동을 비판하지 못하게 되는 건 아닐까 하는 우려를 낳고 있습니다. 이러한 광고주와 언론사의 관계 때문에 광고 산업과 언론 산업이 모두 우리 삶에 지나친 영향력을 행사하는 것은 아닐까요?

미디어가 우리의 자유를 보호할까요?

언론의 자유를 옹호하는 사람들은 자유 언론이 민주주의 사회의 필수 요소라고 주장해요. 언론의 자유가 없으면, 정부가 국민을 억압하고 반대자들에게 재갈을 물릴 수 있다고 생각하는 거죠. 자유 언론과 미디어는 끊임없이 정치 지도자들의 통치를 감시하고, 질문하고, 그들에게 자신의 행위가 정당함을 증명하게 만들어 정부로 하여금 책임을 지게 할 수 있습니다.

수많은 사진 기자들이 몰려 사진을 찍어대는 것은 불쾌하고 위협적으로 보일 수 있다. 그러나 유명하고 권력을 가진 사람들이 특권을 남용하지 못하도록 하는 데 미디어의 밀착 취재가 답이 된다.

언론의 힘

그러나 정치인들을 책임감 있게 만드는 자유로운 언론의 필요성을 강조하다 보면, 정작 미디어의 책임에는 관심을 덜 갖게 될 수도 있어요. 언론의 자유는 민주주의 사회의 중요한 요소입니다. 하지만 언론의 책임이 무엇인지 그리고 대중을 사로잡고자 하는 언론이 지켜야 하는 규칙과 규율이 무엇인지 아는 것도 중요합니다.

모든 국가에서 언론은 언론 및 통신 관련법을 준수해야 합니다. 여기에는 **명예훼손**법, 저작권법, 정부 기밀문서의 출판 제한 등이 포함되며, 이러한 법은 나라마다 상당한 차이가 있습니다. 그러나 이 법들은 항상 간단하게 적용될 수 없으며, 어떤 편집자나 언론인은 법 적용에 반대하기도 합니다.

기자와 정보원

언론과 정부의 권리가 정면충돌하는 가장 치열한 영역은 기자가 논란이 된 기사의 정보를 제공한 정보원을 공개할 수 없다고 주장할 때입니다. 기자가 논쟁적인 주제, 이를테면 테러에 대한 정보를 입수한 경우, 정부는 기자가 정보원을 공개해야 한다고 주장합니다. 그러나 기자는 기자로서의 역할을 제대로 수행하려면 정보원을 익명으로 보호해야 한다고 주장합니다. 이런 입장을 취하는 기자들은 언론의 임무가 진실을 드러내는 것이지, 정치인의 이익을 지지하는 게 아니라고 항변합니다.

시선집중

취재원은 비밀이어야 할까?

국가 안보와 관련된 법적 소송이나 앞으로 일어날 수 있는 범죄를 예방하기 위한 것이라 여겨질 경우, 대부분의 법원은 기자에게 정보원을 공개할 것을 요구한다. 거부하는 언론인은 법정모독죄로 기소된다. 2005년 〈뉴욕타임스 New York Times〉 기자인 주디스 밀러 Judith Miller는 정보원 공개를 거부했다는 이유로 구속되었다. 두 달 뒤 밀러는 정보원이 신분 공개에 동의해 석방되었다.

주디스 밀러는 정보원을 공개하지 않는 언론의 특권이 자유 언론의 본질이라고 주장했다. 우리는 언론을 신뢰할 수 있을까? 신뢰할 수 없다면, 누가 우리에게 진실을 말해줄까?

공익과 미디어

기자와 언론사가 공익을 위해 일한다고 할 때, 그 의미는 정확히 무엇일까요? 미디어 전문가들은 기자와 언론사에서 제공하는 뉴스가 일반적으로 사람들에게 이롭다는 뜻에서 이런 표현을 씁니다. 영국의 언론불만처리위원회 PCC (언론보도로 인한 분쟁의 조정 및 중재를 위한 기관으로, 우리나라의 언론중재위원회와 같다―옮긴이)가 내놓은 지침을 보면, 미디어가 공

1997년 파리에서 다이애나 영국 왕세자비가 교통사고로 사망하자, 어떤 이들은 언론이 말 그대로 '다이애나 왕세자비가 죽으라고' 따라다녔다고 말하기도 했다. 다이애나 비의 운전기사는 지하도에서 파파라치의 추격을 따돌리다가 사고를 냈다.

익을 위해 조사하고 보도해야 할 몇 가지 사례를 볼 수 있습니다. 범죄의 폭로, 공중의 건강과 안전 보호, 대중 호도의 방지 등이 여기에 해당되지요. 또 취재 과정에서 '몰래 하는 장치(몰래 카메라 등)' 또는 도청 등은 허용되지 않습니다. 미디어가 범죄자로부터 정보를 입수한 경우, 범죄자에게 그 대가를 지불하지 못하게 합니다. 결과적으로 범죄자가 범죄를 통해 이익을 얻는 것을 막기 위한 것이죠.

"대중이 무엇에 대해 알 권리가 있는가?"라는 질문은 전 세계적으로 첨예한 논쟁을 불러일으키는 주제입니다. 언론의 집중적인 관심으로 말미암아 피해 입은 사람들은 언론이 한 개인의 삶을 파괴하거나 통제

탐사보도 기자였던 칼 번스타인Carl Bernstein과 밥 우드워드Bob Woodward가 인터뷰하는 장면. 두 사람은 1970년대 초반 리처드 닉슨Richard Nixon 전 미국 대통령의 범법 행위를 폭로하는 데 핵심적인 역할을 했다. 그들은 결정적인 정보를 제공했던 정보원을 끝까지 공개하지 않았지만, 2005년 정보원이 스스로 자신의 신분을 밝혔다.

불능으로 만드는 힘을 가졌다고 주장합니다. 이에 대해 미디어 전문가들은 권력을 공개적으로 감시하려면 **언론의 자유**가 필수적이라는 말로 맞서죠. 그들의 주장에 따르면, 언론에 재갈을 물리면 부와 권력을 지닌 사람들의 비행을 들추어낼 수 없어 묻히게 되고, 이는 결국 대중을 기만하는 결과를 낳을 것이라고 합니다.

가이드라인

미디어의 힘을 제한해야 한다고 주장하는 사람들은 2008년 영국 〈뉴

> **전문가 의견**
>
> 2002년 영국에서 기업가인 리처드 브랜슨Richard Branson이 작가 톰 바우어Tom Bower를 명예훼손으로 고소한 사건에 대한 판사 저스티스 이디Justice Eady의 판결
>
> "현대 민주주의에서는 공적 생활을 하는 사람이라면 누구든, 지위에 상관없이 자신의 진의가 감시받고 논의되리라는 사실을 예상해야 한다. 과연 관습적인 예의범절(사생활 보호)이란 제한 때문에 그런 논의가 제약을 받아야 한다는 요구가 현실적이라 할 수 있는가?"
>
> 《미디어 법Media Law》(2004)

스 오브 더 월드〉 기자들이 유명인들의 휴대전화를 불법 도청했다가 구속된 사건을 그 근거로 듭니다. 이에 대해 미디어 종사자들은 세계 각국마다 영국의 언론불만처리위원회와 비슷한 기관이 존재하며, 미디어는 스스로 가이드라인을 따르고 있다고 주장합니다. 그 증거로 신문사가 비판 투고나 독자 불만을 신문에 싣고, **명예훼손**의 경우 사과문을 게재한다는 사실을 내세웁니다.

그러나 영국은 물론 세계 어느 나라에서든지 가이드라인 준수는 자율적이며, 언론인과 미디어 조직이 그 가이드라인을 따르도록 강제할 수 없습니다. 과연 강력한 미디어가 주어진 자유를 마음껏 활용할 수 있게 느슨한 제약을 가하는 것이 대중에게 더 이익이 되는 일일까요?

카레이서인 페르난도 알론소Fernando Alonso를 밀치는 기자들. 언론은 스스로 표현의 자유를 수호하는 자라고 일컫는다. 그러나 일부 언론이 유명인을 대하는 방식을 과연 정당화할 수 있을까? 유명인들에게 어떤 사생활의 권리가 보장되어야 할까?

미디어와 민주주의

'**표현의 자유**'는 매우 오래된 개념으로, 그 기원은 고대 그리스까지 거슬러 올라갑니다. 또한 표현의 자유는 현대 민주주의 국가의 핵심 요소로 여겨지죠. 미국 **수정헌법 제1조**는 개인들이 자유롭게 표현할 권리가 있음을 명시하였으며, **언론의 자유**를 침해하는 것을 금지합니다. 또 1948년 유엔이 공표한 세계인권선언 제19조도 표현의 자유를 천명하고 있습니다.

표현의 자유

표현의 자유는 자유로운 언론과 밀접하게 연관되어 있습니다. 민주주의 사회는 언론의 자유를 지지합니다. 왜냐하면 언론의 자유가 법의 지배, 즉 지위를 불문하고 모든 시민에게 법이 똑같이 적용되어야 한다는 가치를 보장하는 보호막이기 때문입니다. **표현의 자유**와 **언론의 자유**는 누구든지 선출된 지도자에게 반론을 제기할 수 있고, 그들의 결정에 도전할 수 있음을 뜻합니다. 이 권리가 있기에 권력을 가진 사람들은 자신들이 보기에 불편하거나 불쾌하다는 이유만으로 사람들의 의견

함께 토론해 봅시다!

'언론의 자유'라는 개념은 여러 가지로 해석할 수 있다.

"스탈린과 히틀러는 자신의 입맛에 맞는 생각에 대해서만 언론의 자유를 옹호한 독재자였다. 만약 당신이 언론의 자유를 지지한다면, 당신은 당신이 경멸하는 의견을 위한 언론의 자유 또한 지지해야 한다."

노암 촘스키

"…만약 모든 기록이 같은 이야기만 전한다면, 그 거짓말은 역사로 바뀌고 진실이 된다. '과거를 지배하는 자는 미래를 지배하고, 현재를 지배하는 자는 과거를 지배한다.' 이것이 당의 구호였다."

조지 오웰, 《1984》에서

여러분의 생각은 어떤가요?

을 억압할 수 없습니다. 과거의 나치 독일, 이탈리아의 파시스트 정권, 구소련뿐 아니라 현재의 이란과 중국 등은 국가가 언론과 선전기구를 지배하면, 대중의 생각을 쉽게 통제할 수 있음을 보여줍니다.

언론의 자유에 대한 제한

그러나 언어학 교수이자 언론자유운동가인 노암 촘스키가 지적했듯이, 언론의 자유가 꼭 필요하다고 믿는 민주주의 사회에도 제한은 있습니다. 국가 안전이 위태로워질 수 있는 국방 기밀의 보도를 제한하거나, 특정 사회 집단의 감정을 상하게 하거나 증오심을 부추길 수 있는

어떤 사람들은 인터넷이 새로운 민주주의 시대를 불러왔다고 말한다. 더는 정부가 정보를 통제할 힘을 갖지 못하기 때문이다. 그러나 중국 정부는 중국 국민이 제한 없이 인터넷에 접근하는 것을 막아왔고, 인터넷의 이용을 엄격하게 감시한다.

자료의 출판을 금지하는 일부 자유의 제한은 불가피해 보입니다. 어떤 이들은 완전한 표현의 자유란 존재하지 않으며, 규칙이나 제한이 민주적으로 정해지고 적용된다면 모든 것이 잘 돌아갈 것이라고 주장합니다. 그러나 촘스키의 말처럼 민주주의 사회에서조차도 정부는 정부의 입장이 압도적으로 우세하도록 만드는 데 더 관심이 있습니다. 게다가 실제 민주주의 사회는 모든 이에게 방송 및 신문에 접근할 평등한 기회를 주지 않습니다.

함께 토론해 봅시다!

자유 언론의 필요성에 대한 관점은 다양하다.

"우리의 자유는 언론의 자유로만 보호할 수 있는 것은 아니지만, (우리의 자유를)잃어버릴 위험이 없다면 언론의 자유를 제한하지도 않을 것이다."

토머스 제퍼슨Thomas Jefferson, 미국 제3대 대통령

"언론의 자유를 지키는 법이 있다 해도, 사람들을 언론으로부터 지켜주지 못한다면 가치가 없다."

마크 트웨인Mark Twain, 프레스 라이선스 연설에서

여러분의 생각은 어떤가요?

적절한 균형점 찾기

실제로 대중에게 정보를 전달하다가 사생활 침해, **명예훼손** 및 기타 법률을 위반한 사례를 찾는 건 그리 어렵지 않습니다. 그러나 이는 미디어의 본질에 대한 몇 가지 문제를 제기하지요.

첫째, 언론 규제의 어려움입니다. 정부와 사회는 두 가지 선택을 할 수 있습니다. 먼저 언론과 미디어가 어떻게 기능할지에 대한 엄격한 규제를 행할 수 있어요. 그러나 그것은 **검열**로 이어질 수 있고, 비리를 은

미얀마의 민주화 운동가인 아웅산 수치Aung San Suu Kyi는 선거에서 승리했지만 구속되어 수년 동안 가택연금에 처해졌다. 하지만 세계 언론이 이 사건을 보도하자, 미얀마의 독재자는 이 반체제 정치인을 마음대로 처리할 수 없게 되었다.

폐하려는 정치인들이 쉽게 남용할 수 있는 도구가 됩니다. 아니면 여러 민주주의 국가에서처럼 자유 언론을 절대적이며 필수 불가결한 것으로 받아들일 수도 있어요. 그러나 그 경우 표현의 자유를 침해하지 않으면서 미디어를 규제해야 하는 어려움이 따르죠. 미디어가 힘을 남용하는 걸 감내해야 한다는 뜻이 아닙니다. 이 경우 미디어를 규제하기가 어렵고, 때로는 **표현의 자유**의 경계까지도 모호해진다는 뜻입니다.

둘째, 어떤 사람들은 서구 민주주의 국가들에서 언론의 자유가 과하게 허용되었다고 주장합니다. **검열**로부터 미디어를 보호하는 법을 부

덴마크의 일간지 〈율랜츠 포스텐Jyllands-Posten〉의 사례는 표현의 자유에 어떤 제한이 있어야 하는가에 대한 문제를 제기한다. 이 신문은 2005년 이슬람교의 선지자 무함마드Muhammad에 대한 만평을 실었다. 이슬람교와 그들의 선지자를 부적절하게 표현한 데 분노한 세계 곳곳의 이슬람교도들이 들고 일어났다. 시위대의 일부는 폭력을 행사했고, 그 과정에서 다수의 사망자가 발생했다.

도덕한 사람들이 남용해 왔다는 거죠. 그 결과 포르노와 폭력, 인종차별적 표현이 담긴 웹사이트 등이 허용되어 도덕규범을 와해했다는 것입니다.

언론의 자유를 완전히 허용할 것인가, 제약할 것인가?

언론의 잘잘못에 대한 논쟁은 넓게 보자면 **자유주의자**와 권위주의자 사이에서 벌어지는 논쟁의 일부로 볼 수 있어요. 그러나 실제로 대부분의 견해는 이 극단적인 두 입장 사이의 어느 한 지점에 있을 것입니다. 자유와 제약 사이 어느 지점에 선을 그어야 할지 논의할 때, 우리가 말하는 '미디어'가 각자 기준을 가지고 다양하고도 광범위한 내용을 출판하거나 방송하는 언론사들 모두를 뜻한다는 사실을 명심해야 해요. 또한 미디어가 잘못된 이야기에 초점을 맞추고 잘못된 질문을 제기하는 경우도 있기 때문에, 오히려 사회에 해를 끼친다고 비판하는 사람들도 있습니다. 무엇이 공공의 이익인지에 대해 미디어가 항상 최선의 판단을 내릴 수는 없습니다.

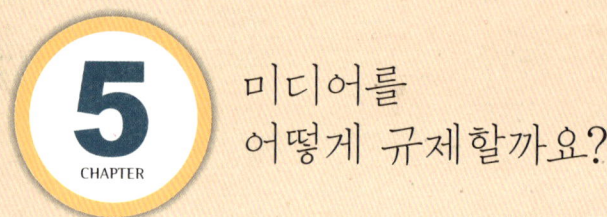

미디어를 어떻게 규제할까요?

모든 국가에는 **명예훼손**과 **언론의 자유**에 대한 법규가 있습니다. 이때 언론 규제라는 용어는 정부에서 법규를 제정하여 미디어로 하여금 반드시 따르게 하는 경우 사용합니다. 많은 민주주의 국가에서 미디어는 자율적으로 스스로를 규제합니다. 대개는 미디어 규제를 위한 조직이 설치되어 공정 보도, 사생활의 존중, 품위 수준 등의 측면에서 미디어를 감시합니다. 영국의 경우 언론불만처리위원회PCC와 오프콤Ofcom(우리나라의 방송통신위원회와 같은 영국의 미디어 규제기관—옮긴이)이, 미국에서는 미국연방통신위원회FCC가 이러한 기능을 수행합니다. 이와 같은 기구들은 시청자, 학자, 정치인 등을 포함, 서로 다른 이해관계를 가진 관련 분야의 대표들로 구성된 위원회에 의해 운영됩니다. 다른 서방 국가들에도 이와 비슷한 기구들이 존재합니다.

위로부터의 규제

권위주의 정권에서는 미디어가 더 엄격하게 규제됩니다. 예를 들어 중국에서는 국가신문출판총국GAPP과 광파전영전시총국SARFT 등 몇몇

전문가 의견

"만약 언론이 스스로를 규제하는 현재 체제에서 히틀러가 칼럼니스트로 일한다면, 히틀러는 유대인과 동성애와 관련한 어떤 생각이든 아무런 법적 장애 없이 출판할 수 있을 것이다. 다만 사람들의 항의와 그에 따른 판매부수의 감소가 두려워서 그렇게 할 수 없을 것이다."

레이첼 모리스Rachel Morris(카디프 로스쿨 연구원)

"영국 어디에서 일하는 기자라도 언론불만처리위원회 규정 준수가 고용계약 조건이라는 사실을 명심해야 한다. 만약 기자들이 이 규정을 공공연히 어긴다면, 직장에서 해고될 수도 있다."

피터 프레스턴Peter Preston, 〈옵서버The Observer〉 (2009)에서

국가 기관이 어떤 내용을 방송하고 출판할지에 대한 엄격한 규칙을 정합니다. 공안국에서는 인터넷 내용을 감시하고 허위사실을 조사하는 한편, 산업정보기술부MIIT에서는 커뮤니케이션 기반 시설을 규제합니다. 서양에서는 '국영 미디어'와 '인터넷 차단'이 중국 미디어를 상징하는 단어로 보이지만, 경제가 성장함에 따라 중국에도 다양한 종류의 미디어가 점차 도입되고 있으며, 중국 정부도 이를 완전히 통제하거나 규제하기 어려운 실정입니다. 미디어 공급자가 많아지자 중국 정부는 산업정보기술부를 설치하는 등 관료적 통제 방법을 새로이 개발하는 데 박차를 가했어요.

이란에는 민영 미디어와 국영 미디어가 혼재합니다. 그러나 이란의

포르노 잡지 〈허슬러Hustler〉의 발행인인 래리 플린트Larry Flynt도 검열과의 싸움에서 한 몫을 담당했다. 그러나 언론 규제는 출판물의 내용에만 관련 있는 것이 아니라, 미디어 사업자들 사이의 경쟁, 사업 허가 등의 공정성을 보장하는 것과도 연관된다.

이슬람공화국방송IRIB 사장은 이란의 최고지도자와 대통령이 선정한 위원회 그리고 사법부의 수장에 의해 임명되고, 국회가 사장의 업무를 감독합니다.

규제 체제의 과제

언론 규제 기관이 있는 나라라 하더라도, 여전히 미디어가 대중에게 충분한 책임을 지지 않는다는 비판이 나옵니다. 모든 국가에는 개인의 공적 평판을 실추시키는 내용을 출판하거나 방송하는 것을 규제하는 명예훼손법이 있습니다. 그러나 경우에 따라 언론사가 미리 소송비용을 마련해 놓을 수도 있습니다. 또한 개인이 명예훼손 소송을 위해 변호사를 고용하기엔 비용도 만만찮습니다. 사실상 명예훼손법은 재력가들을 위한 법이라는 말이 나오는 까닭입니다.

사생활 또한 중요한 문제입니다. 유명인들은 언론이 그들의 사생활을 침해하는 데 분노하지만, 언론은 그런 정보가 공공의 이익에 부합하는 것이라고 항변하죠. 또 언론 종사자들은 사생활보호법의 제정은 민주주의에 대한 위협이며, 권력자가 숨을 수 있는 방어막을 제공한다고 주장합니다.

균형의 유지

많은 국가에서 미디어는 대중의 '반론권'을 위한 공간을 제공합니다. 그러나 이런 반론 기회들은 미디어가 관리하기 때문에, 대부분 사소한 것들만 선택될 우려가 있습니다. 미디어 자율규제를 선택한 여러 국가에서는, 정부가 개입하면 미디어가 약화되기 쉬우므로 미디어를 정치적으로 통제하는 것보다 자율규제 체제로 두는 것이 낫다고 생각합니다. 그런 까닭에 자율규제는 언론의 자유를 보장하는 중요한 방법으로 간주되기도 합니다.

국제자동차연맹FIA 회장 맥스 모슬리Max Mosley는 2008년 불거진 불륜 추문 보도로 스캔들의 중심에 섰다. 모슬리는 그것이 사적인 문제라고 반박했다. 비평가들은 모슬리의 행동이 직무수행 적합성에 대한 공개적 논쟁을 불러일으켰다고 말한다.

그러나 자율규제 체제는 미디어에 과도한 자유를 허용하기 때문에 미디어가 힘을 남용할 수 있는 환경을 조성한다는 비판을 받습니다. 미디어는 구체적이고 강력한 증거에 의해 뒷받침되지 않는 내용을 보도하면서도 이익을 얻습니다. 결국 미디어에 사생활, **명예훼손**, 편향성 또는 취향 등의 문제에 대한 '경찰' 역할을 기대할 수 없기 때문에, 비평가들은 개인과 미디어의 이익이 상충될 수밖에 없다고 합니다.

개인의 권리를 보호하면서도 언론의 자유를 유지하는 규정을 만들 때, 둘 사이의 균형을 유지하기는 매우 어렵습니다. 여전히 많은 사람

시선집중

사생활 침해

　세계적인 모델 나오미 캠벨Naomi Campbell은 2002년 영국의 〈데일리 미러Daily Mirror〉지가 자신의 사생활을 침해했다며 고소했다. 〈데일리 미러〉는 캠벨이 공인公人이며, 마약을 하지 않는다고 공개적으로 부인했기 때문에, 캠벨이 '익명의 중독자들 모임'에 참석하고 나오는 장면을 몰래 촬영한 사진과 기사를 내보낸 것은 공익에 해당된다고 주장했다. 1심 판결은 캠벨의 손을, 2심에서는 신문사의 손을 들어주었다. 결국 대법원은 〈데일리 미러〉의 보도가 공공의 이익에 해당된다는 근거를 입증하지 못했다며 근소한 차이로 캠벨의 손을 들어주었다.

오랫동안 진행되었던 나오미 캠벨 재판의 한 단계에서 "미디어는 유명인이 공개적으로 행한 일은 무엇이든 보도할 수 있다."는 판결이 내려졌었다. 이후 유명인의 생활이나 행동이 공적인 이미지에 부합하는지에 대해 대중이 알 권리가 있다는 생각이 확고히 자리잡았다.

들은 현재 정해진 규정들이 개인보다는 미디어 편에 서 있다고 생각합니다.

미래의 규제

매스미디어는 급격한 기술 변동을 겪고 있습니다. 이는 미디어 공급자 및 전 세계 소비자들이 이용할 수 있는 콘텐츠 종류의 증가로 이어졌지요. 정부는 이처럼 빠르게 바뀌는 미디어 산업을 통제하기 위해 규제 방법에 변화를 줄 것입니다. 기술 변화의 긍정적인 측면은 더 많은 사람들이 폭넓고 다양해진 시각과 의견을 접할 수 있다는 점이죠.

정보통신기술의 변화는 미디어가 재정을 충당하기 어렵게 만들 것입니다. 그동안 TV, 라디오, 신문 등은 광고와 일부 공적 자금에 의지해 왔지만, 시청자들이 광고를 차단하거나 TV 프로그램 가운데 원하는 영상만 찾아보는 방식으로 시청할 수 있게 되면 광고 수익은 급속도로 줄어들 것입니다. 일각에서는 미디어가 많은 이익을 내야 한다는 압박 때문에 대중적 취향에 영합하여 저질 오락 프로그램을 양산하고, 시청률을 올리기 위한 질 낮은 콘텐츠를 만들지 않을까 우려합니다. 민주주의 사회의 정치인들은 경쟁적인 미디어 시장의 필요성과 이윤은 적지만 중요한 콘텐츠―고품격 뉴스와 시사프로 등―의 필요성 사이에서 균형을 잡을 필요가 있을 것입니다.

구멍 뚫린 국경

오늘날 사람들은 전 지구적 미디어에 접근할 수 있습니다. 이에 따라

함께 토론해 봅시다!

서양에서는 언론 자율규제가 더 발달할 수 있을 것 같지만, 신흥 강대국으로 떠오르는 중국도 그럴까?

"우리가 참여함으로써 그리고 우리의 서비스를 더 많이 이용하도록 만듦으로써, 비록 우리가 이상적으로 바라는 100퍼센트까지는 아니라 하더라도, 중국의 인터넷 사용자들에게는 (언론 자유의 환경이) 더 나아질 것이라고 느꼈다. (언론 자유의) 전부를 얻을 수는 없겠지만, 더 많은 정보를 얻게 될 것이기 때문이다."

세르게이 브린Sergey Brin (구글의 공동 창립자), 중국 정부가 구글 검색 결과를 검열하도록 허용한 결정에 대한 입장 발표에서

"돈을 벌기 위해, 구글은 중국 공산당의 발꿈치에 대고 꼬리를 흔드는 비굴한 페키니즈 강아지가 되었다."

구오 콴Guo Quan, 구글에 대한 공개 항의서, 〈타임스〉(2008)에서

여러분의 생각은 어떤가요?

2005년 이전까지 중국에서는 구글 접속이 원활하지 않았다. 그래서 구글은 2005년에서 2010년 사이에 중국 이용자들에게 서비스를 제공하기 위한 자회사를 만들었다. 그러나 결국 구글은 중국 정부의 검열법을 준수하는 데 동의했다. 2010년 초, 구글은 검열법이 시행되는 체제에서는 서비스 중지를 고려하고 있다고 발표한 적이 있다.

구글의 공동창립자인 세르게이 브린은 구소련에서 태어났으며, 부모는 인종차별을 경험한 유태인이었다. 브린은 미국에서 자랐고 스탠포드 대학에서 컴퓨터 과학을 전공해 박사학위를 받았다. 브린은 중국 정부가 구글 검색 결과를 검열하도록 허용한 결정이 고통스러웠다고 말했다.

정부가 어떻게 미디어를 규제하고 국경 바깥에서 들어오는 방송과 콘텐츠를 통제할 것인가가 주요 문제로 떠올랐습니다. 미디어 프로그램과 콘텐츠의 수용 기준에 대한 문화적·정치적 차이뿐 아니라 사생활에 대한 입장과 취향의 문제에 대해 국가들끼리 합의가 어려울 수 있어요.

민주적인 사회에서는 자율규제가 비용도 더 적고 실행하기도 쉬우므로, 자율규제에 집중한 체제를 더 발전시키려 할 것입니다. **권위주의** 정부는 더 많은 제약을 행사하고 싶겠지만, 그런 제약들이 정보통신 기술의 진보를 따라갈 수 있을지는 알 수 없죠.

6 CHAPTER 미디어는 어떻게 변하고 있을까요?

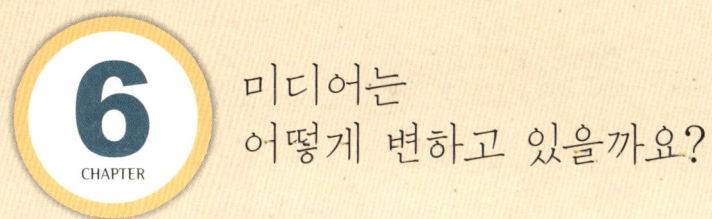발명과 저렴한 개인 컴퓨터의 보급은 미디어를 완전히 바꾸어 놓았습니다. 사람들은 더 이상 뉴스와 여론을 알기 위해 신문, TV, 라디오의 뉴스속보에 의존할 필요가 없습니다. 이제 누구나 자신의 생각이나 뉴스를 **블로그**나 웹사이트에 올릴 수 있어요. 과연 '시민 기자'의 등장은 전통적인 미디어와 그것을 소유한 거대 복합기업의 권력이 붕괴한다는 신호탄일까요?

시민 기자

'시민 기자'라는 용어는 자신의 공동체에 발생한 사건이나 행사를 전하거나, 자신의 작업물을 인터넷에 올리는 일반인을 설명하기 위해 만들어졌습니다. 이 용어는 다수의 블로거를 지칭하지만, 한편으로 자신이 만든 콘텐츠를 웹사이트에 올리거나 위키(사용자들이 내용을 편집할 수 있는 웹페이지─옮긴이), 유튜브, 플리커, 트위터 등 소셜 네트워크 사이트에 올리는 사람들을 가리키기도 해요. 전통적인 미디어의 힘과 그 불

대중을 위한 저렴한 컴퓨터들을 파는 중국 선전의 한 매장. PC를 구입할 수 있다는 것은 누구든지 자신의 의견, 뉴스 또는 다른 어떤 내용이라도 공표할 수 있으며, 그것을 웹사이트나 블로그에 올릴 수 있다는 능력이 있다는 뜻이다. 자기 의견을 알리기 위해 더는 비싼 인쇄기를 쓰지 않아도 된다.

공정함에 비판적인 사람들은 시민 기자가 흥미로운 대안이라고 여깁니다.

 시민 기자의 등장은 특히 전통적 미디어가 제공하지 못했던 정보를 보여준다는 점에서 큰 충격을 주었어요. 2008년 티베트 시위와 2009년 태국과 이란의 시위와 같이 전 세계 곳곳에서 벌어진 시위는 오로지 시민 기자들의 힘으로 보도될 수 있었습니다. 또 2004년 인도의 충격적인 쓰나미 사진을 제공한 것도 시민 기자들이었어요.

> ### 전문가 의견
>
> "이전에는 언론 수용자로만 여겨졌던 일반인들이 언론 도구를 가지고 서로에게 정보를 전달하면, 그들이 바로 시민 기자다."
>
> "블로그는 미국의 작은 수정헌법 1조 기구라 불린다. 블로그는 언론의 자유를 더 많은 사람들에게까지 확장시켰다."
>
> 제이 로슨Jay Rosen (뉴욕대학교 교수),
> 카터 저널리즘 협회Arthur L. Carter Journalism Institute에서

시민 기자에 대한 찬성과 반대의견

시민 기자의 활동을 지지하는 사람들은 시민 기자가 전통적 미디어를 보완하는 것 이상의 역할을 한다고 주장합니다. 아마추어라는 바로 그 이유 때문에, 시민 기자들은 새로운 관점을 제공하여 주류 미디어가 설정한 뉴스 의제에 도전할 수 있죠. 시민 기자의 활동은 대중과 미디어의 관계를 역전시켜, 누군가가 읽어야 한다고 생각한 기사가 아니라, 대중이 읽고 싶은 것을 직접 만들 수 있게 해줍니다.

하지만 시민 기자도 비판에서 벗어날 수는 없어요. 시사비평가들은 시민 기자들이 전문적인 훈련을 받지 못했고, 정치적인 동기로 활동하는 경우가 많다고 지적합니다. 예를 들어 영국 유명 블로거인 귀도 포크스Guido Fawkes에 대해 주류 정치 기자들은 "모든 정치인들은 부패하다고 보면서 자기 자신은 정치적으로 중립인 척하는 '음모 이론가'다."라고 비판했어요. 그러나 포크스는 "미디어가 정치인의 비리에 대해 보도

그래스루트(풀뿌리 미디어)Grassroots Media Inc.의 설립자인 댄 길모어Dan Gillmor는 새로운 정보통신기술의 등장이 시민 기자들로 하여금 기존 미디어 권력에 도전하게 했고, 그 때문에 현대 미디어의 본질이 변하게 되었다고 주장한다.

하는 데 실패했고, 또 사람들은 거기에 실망했다."고 스스로를 변호하였습니다. 그리고 이 문제를 블로거와 시민 기자가 바로잡을 수 있다고 주장했지요.

아프가니스탄에 파병된 미국 병사들이 노트북으로 뉴스를 보고 있다. 새로운 정보통신기술의 속도와 전달 범위는 전통적 미디어에는 거센 도전이다. 인터넷 뉴스는 신문이나 TV보다도 훨씬 빨리 전파되고, 더 많은 사람들이 본다.

뉴미디어 대 올드미디어

블로그, 웹사이트, 소셜 네트워크 등의 뉴미디어는 이용자들에게 새로운 관점을 제공하는 데 그치지 않아요. 전통적 미디어는 하나의 미디어 조직이 대중에게 메시지를 전달하는 형식입니다. 이와 대조적으로 뉴미디어는 다양한 뉴스 제공자가 다양한 사람들에게 정보를 전달하고, 정보를 수용한 사람들이 또 정보를 생산하기도 합니다. 이는 양방

향적이고 상호적인 형태입니다. 올드미디어는 절대로 만들 수 없는 관계죠. 이런 상황은 '죽은 나무 저널리즘(종이는 나무를 베어 만들기 때문에, 죽은 나무 저널리즘은 종이로 된 모든 인쇄 매체를 가리키는 우스갯소리로 쓰인다—옮긴이)'인 신문뿐 아니라 TV와 라디오 등 모든 전통적 미디어에 엄청난 과제를 안겨주었습니다.

변화하는 뉴스

전통적 미디어가 도전 받는 이유는 단지 뉴미디어가 새로운 시각을 제공하기 때문만은 아닙니다. 뉴욕대학교에서 인터랙티브 텔레커뮤니케이션을 강의하는 클레이 셔키Clay Shirky 교수는 시민 기자들이 단순히 새로운 관점을 제공하는 차원을 넘어 "무엇을 뉴스로 볼 것인가?"라는 뉴스에 대한 정의를 바꾸고 있다고 주장합니다. 전통적인 저널리즘 전문가로 훈련받지 않았기 때문에, 시민 기자들은 자신의 기사가 뉴스 기사로서의 요건, 즉 **뉴스 가치**에 부합하는지 여부에 신경 쓰지 않고 자

전문가 의견

"온갖 뉴스기사들과 별자리 운세 및 피자가게 광고가 뒤범벅이 되어 존재하는 기존의 언론 방식은 종말을 맞았다. 인터넷이 제시하는 미디어의 미래상은 비전문가들이 출판에 대거 참여함으로써 "왜 출판하는가?"에서 "왜 출판하면 안 되는가?"로 변화하는 것이다."

클레이 셔키, 《끌리고 쏠리고 들끓다Here Comes Everybody》에서

신에게 흥미로운 것이라면 무엇이든 그냥 씁니다.

수많은 **블로그**와 시민 기자의 웹사이트가 존재하기 때문에, 예전에 전통적 미디어가 자신들의 마음대로 무시했던 문제들을 다룰 수밖에 없는 경우가 많아졌습니다.

무료 뉴스?

뉴미디어는 전통적 미디어에 경제적 과제도 떠안겼습니다. 미국의 발행부수공시기구ABC에 나타난 수치를 보면, 1990년대 이래 신문 판매부수가 계속 감소하고 있음을 알 수 있습니다. 사람들은 인터넷을 통하여 무료로 정보에 접근하는 데 익숙해졌죠. 온라인 서비스를 하는 신문들도 무료이거나, 일부 서비스만 유료로 운영하고 있어요. 예를 들어

시선집중

변화의 대가

올드미디어 시대가 가고 뉴미디어 시대가 옴으로써 생긴 문제는 기존의 언론사 이사회와 임원진의 고민을 넘어선다. 〈리커버링 저널리스트〉라는 블로그 사이트에 한 기자의 아내가 익명으로 올린 기고문을 보면, 정말 그런 상황이 현실이 되었음을 알 수 있다. "남편은 다음 주에 회사로부터 해고통지서를 받을 거예요. 남편은 25년 동안 이 일을 해왔고, 다른 일은 전혀 할 줄 모릅니다… 이런 일을 겪어보지도 못했어요. 남편은 우리 가족의 유일한 수입원입니다…"

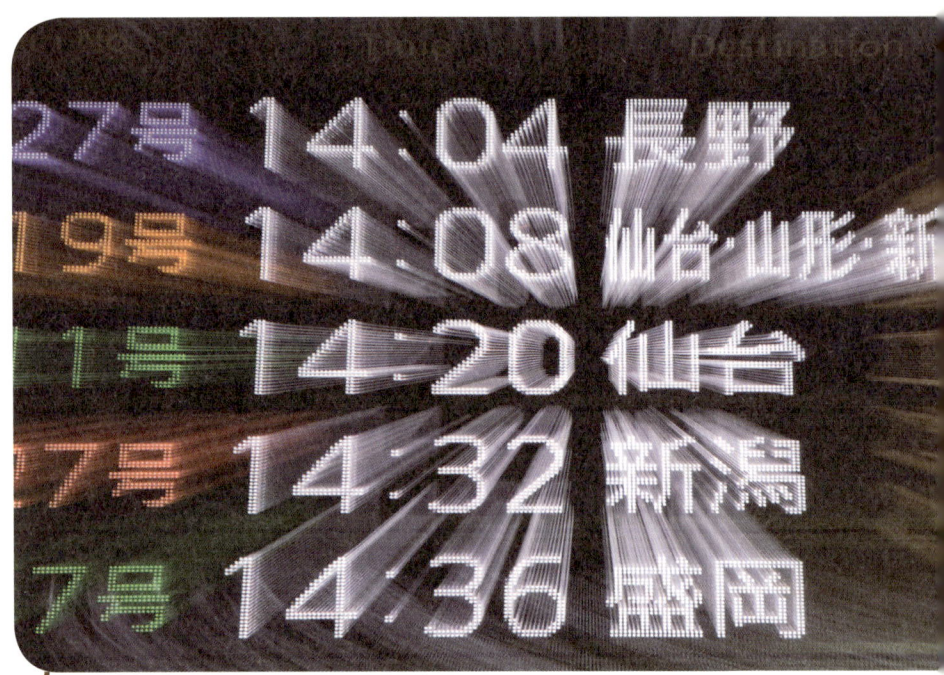

백화점, 경기장, 공공장소 등에 설치된 디지털 전광판은 습관적으로 TV 광고를 보지 않고 건너뛰는 시청자들에게 광고를 대신하는 역할을 한다. 이런 변화는 신문사와 방송국의 수입 기반이 빠르게 허물어지고 있다는 사실을 알려준다.

영국에서는 BBC가 어마어마한 규모의 웹사이트를 무료로 제공합니다. 그리고 영국 주요 일간지중 하나인 〈이브닝 스탠다드Evening Standard〉는 발행부수를 늘려 광고 수익을 올리고자 2009년 무료로 신문을 배포하기 시작했어요. 텔레비전과 라디오도 인터넷에 시청자와 청취자를 뺏기고 있으며, 이 때문에 광고 수입이 감소하고 있죠.

전문가 의견

"인터넷의 장점은 여러분이 원한다면 무엇이든 게시할 수 있다는 것이다. 이는 여러분이 어떤 터무니없는 것이라도 올릴 수 있다는 사실을 뜻한다. 누군가 인터넷에 쓴 글은 사실일 거라는 추측이 존재하기도 한다."

노암 촘스키

"내가 그렇게 하지 않기로 선택했다면, 위키피디아 방침에 의해서나, 윤리적으로 행동하는 인간으로서도 내가 가진 지식을 공개해야 할 의무는 없다."

지미 웨일즈 Jimmy Wales (위키피디아의 공동창립자)

매사추세츠 공과대학교MIT의 언어학 교수 노암 촘스키는 미국의 대외정책 비판가이자 언론 자유의 옹호자로 유명하다. 촘스키는 자신의 저서인 《여론조작Manufacturing Consent》에서 미국의 미디어가 교묘하게 선전선동을 하고 있다고 주장했다. 인터넷은 이와 어떻게 다를까?

미래의 미디어

1440년대 최초의 활판인쇄술 발명으로 시작된 정보통신기술의 발달은 수세기 동안 모든 사회 변화를 이끌어낸 힘이었습니다. 일부 전문가들은 지금 우리가 아주 먼 미래까지 영향을 미칠 커뮤니케이션 혁명의 시대를 거치고 있다고 합니다.

인터넷이 새롭고 더 민주적인 의사소통 형식을 만들어냈다는 평가도 있습니다. 인터넷은 더 많은 사람들에게 새로운 가능성을 가져다주긴 했지만, 그렇다고 제약이 전혀 없는 공개토론장은 아닙니다. 대다수 블로거는 익명으로 글을 쓰고 '**내부 고발자**'처럼 행동합니다. 그들은

이 사진에 나오는 구글 스카이 맵과 같은 어플리케이션은 재미있다. 그러나 구글 맵에서 자신의 집 사진을 발견한 사람들은 이 기술이 조지 오웰의 《1984》와 두려울 정도로 비슷하다는 생각을 한다. 과연 빅 브라더는 우리를 감시하고 있을까?

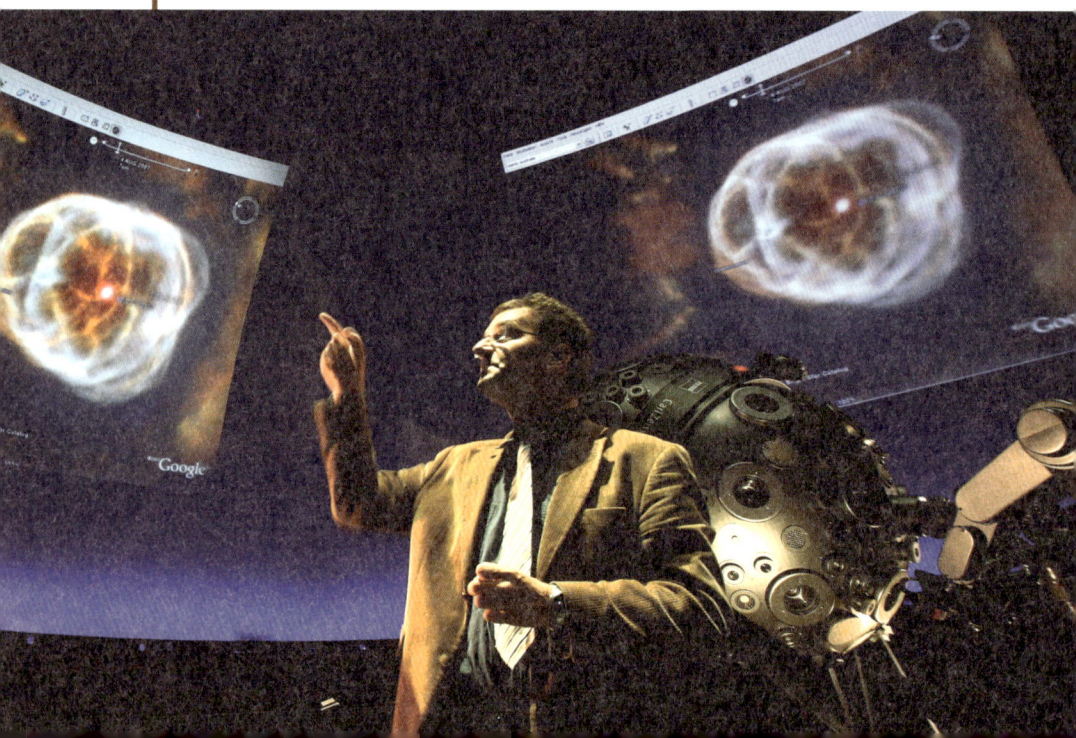

더 솔직하게 자신의 의견을 밝히기 위해 익명성을 이용합니다. 하지만 이런 자유가 2009년 영국에서 문제가 되었습니다. 한 경찰관이 자신의 블로그에 경찰과 정부 정책을 비판했다가 제재를 받게 된 것입니다.

이 사건에 대해 판사는 공익을 위해 블로그에 해당 내용을 올린 거라는 경찰관 측의 변론을 받아들이지 않았습니다. 미국에서도 비슷한 판결이 내려졌어요. 그러면 기자들만 계속 법적 특혜를 누릴 수 있는 걸까요? 만약 그렇다면 기자들은 일반 시민들보다 더 많은 **표현의 자유**를 가질 수 있다는 걸까요? 아마 이런 생각은 대다수 사람들이 받아들이지 못할 것입니다.

더 민주적으로

인터넷에서 검색되거나 대중의 관심을 끄는 정보라 해서 반드시 민주적 절차에 따라 선정된 것이라고는 할 수 없습니다. 소수 의견이 존재하기 때문이죠. 소수에게도 자기 의사를 표현할 공간이 주어지지만, 어쩌면 소수 의견은 그저 사회의 주변부로 밀려나 버리는 게 아닐까요? 미디어 전문가인 클레이 셔크는 더 많은 사람들이 자료를 올리면 선택의 기회가 많아지는 것은 맞지만, 반드시 모든 게시물이 동일한 관심을 얻는다는 뜻은 아니라고 합니다. 사람들은 읽을거리를 선택해야만 하고, 이는 여러 게시물 가운데 하나를 선택한다는 것을 뜻합니다. 그러나 셔키는 인터넷이 취미 집단, 정치 집단, 이웃 집단 등 서로의 생각과 지식을 공유하는 다양한 공동체들을 허용하기 때문에, 결국 사회에 긍정적인 힘으로 작용할 것이라 주장합니다.

새로운 아침

앞으로 미디어가 어떻게 변화할지, 전통적인 미디어의 힘에 어떤 변화가 생길지는 아직 알 수 없습니다. 그러나 무슨 일이 일어나든 변화는 기술이 아니라, 기술을 이용하는 사람들이 만들 것입니다.

용어설명

개 호루라기 정치 특정한 사람들만 알아듣고 이해할 수 있는 단어들을 사용하여 연설이나 방송에서 메시지를 감추는 방법

검열 여러 가지 면에서 해롭거나 문제가 생기기 때문에 부적절하다고 여겨지는 내용의 출판을 금지하는 것

게이트키퍼 미디어에 대한 접근을 통제하는 사람. 예를 들어 편집자나 프로듀서와 같이 무엇을 출판 또는 방송하거나 하지 않을지 결정하는 사람을 말한다.

권위주의 권위에 대한 완전한 순종을 지지하거나 옹호하는 신념

기삿거리 출판하거나 방송할 만한 이야기

내부 고발자 대개 매스미디어를 통하여 어떤 기업이나 공적 기관에서 발생한 위법행위나 비행을 공개하고 사람들에게 알리는 사람

뉴스 가치 어떤 이야기가 뉴스거리가 되거나 되지 않을지 결정하기 위해 기자들이 사용하는 가치 판단 기준

명예훼손 비방의 한 형태로, 개인의 평판을 실추시키거나 다른 사람들이 그 사람을 경멸, 증오, 조롱하게 만드는 허위 진술의 출판과 관련된다.

문화 훼방 광고물의 원래 의미를 바꾸거나 전복시킬 수 있는 말 또는 이미지를 덧붙여서 광고를 망가뜨리는 것

보도자료 기업이나 기관 등에서 기삿거리가 된다고 생각하는 사안을 발표하면서 신문사나 방송국에 보낸 보도문

브로드시트 지면이 큰 신문. 우리나라의 보통 일간지가 여기에 속한다. 브로드시트에는 길고 심층적인 기사가 실리며, 그 결과 타블로이드 신문과 비교해서 보다 수준이 높고 '진지한' 신문으로 여겨진다. 하지만 사람들이 타블로이드처럼 휴대 및 보기에 더 편리한 크기를 요구하면서 점차 많은 브로드시트 신문들이 크기를 줄였다.

블로그 새로운 글이 맨 위로 올라가는 일지 형식으로 되어 사람들에게 공개하는 온라인 기사나 일기. 대개 블로거 개인의 견해가 표현되는 공간이다.

선전선동(프로파간다) 특정한 집단, 조직 또는 의제를 지지하기 위한 정보

수정헌법 제1조 표현의 자유와 언론의 자유에 대한 제약을 금지하는 미국 헌법 조항

스핀닥터 spin doctor 고객인 정치인과 기업가의 미디어 노출 정도와 공적 이미지 관리가 직업인 사람

애드버스터 1989년 미디어에 비판적인 운동가들이 설립한 국제 단체. 이 단체가 조롱하고 비판하는 것들은 현대 사회의 소비주의와 관련있다.

언론의 자유 ① 시민들이 자신이 말하고자 하는 바를 최소한의 법적 제한만 받으며 자유롭게 말할 수 있어야 한다는 사상
② 언론은 모든 의견과 정보에 대해 최소한의 제한만 받으며 자유롭게 출판할 수 있어야 한다는 사상

자기 검열 사회의 기대에 순응하기 위해 자기 자신의 작업을 검열하는 것

자유주의자 개인의 자유를 극대화하고 제약을 최소화해야 한다는 신념을 가진 사람

전체주의 단 하나의 정당만 있고 의견의 차이가 허용되지 않는 정치 체계

종군 기자 무력 분쟁에 관련된 군부대에 소속된 기자

타블로이드 지면 크기가 브로드시트의 절반 정도로 작은 신문. 일반적으로 타블로이드는 브로드시트보다 대중적이고 '덜 진지'하다고 여겨진다.

편견 불균형하거나 편파적인 또는 불공평한 견해

표현의 자유 자신의 생각, 의견, 주장 따위를 아무런 억압 없이 외부에 나타낼 수 있는 자유. 언론, 출판, 통신의 자유 등이 여기에 해당한다.

# 더 알아보기

도서
빌 코바치, 톰 로젠스틸,《저널리즘의 기본 요소》, 한국언론진흥재단, 2008

윌리엄 디난·데이비드 밀러,《스핀닥터: 민주주의를 전복하는 기업 권력의 언론 플레이》, 시대의 창, 2011

노엄 촘스키·에드워드 허먼,《여론조작: 매스미디어의 정치경제학》, 에코리브르, 2006

에드워드 버네이스,《프로파간다: 대중 심리를 조종하는 선전 전략》, 공존, 2009

손석춘,《신문 읽기의 혁명》, 개마고원, 2003

마샬 맥루한,《미디어의 이해: 인간의 확장》, 커뮤니케이션북스, 2011

웹사이트

http://www.adbusters.org/

주류 미디어와 광고 산업에 대해 매우 비판적인 활동가들의 세계적 네트워크 웹사이트.

http://www.pac.or.kr

한국언론중재위원회의 웹사이트. 언론으로 인해 피해를 입거나 분쟁이 생기는 경우 어떤 식으로 절차가 진행되는지 알아볼 수 있다.

http://www.presswatch.or.kr

언론인권센터 웹사이트. 언론보도로 피해를 입은 시민들의 권익을 옹호하기 위해 만들어진 시민언론단체다.

http://www.pcmr.or.kr/

언론개혁시민연대 웹사이트. 언론개혁을 바라는 시민들의 모임으로, 왜곡된 언론을 바로잡고, 한국 언론의 발전을 위한 정책과 대안을 제시하는 등의 활동을 하고 있다.

http://www.ohmynews.com/

"모든 시민은 기자다"라는 콘셉트 아래 창간된 인터넷 신문. 시민기자들이 직접 취재하여 기사를 올릴 수 있는 공간이며, 2000년 창간된 이래 활발한 활동이 이루어지고 있다.

찾아보기

ㄱ

개 호루라기 정치 29
검열 18, 33, 57, 58, 67
게이트키퍼 41
구글 67~68, 78
구텐베르크 18,
국가 안보 49
권력 51, 54, 63, 69
귀도 포크스 71
규제 16, 57~58, 60~63, 66~68
기자 19, 27, 28, 30~31, 39~40, 48~49, 52, 61, 79

ㄴ

내부 고발자 78
노암 촘스키 54~56, 77
뉴스 16, 23, 28~29, 33, 38~43, 49, 74~75
〈뉴스 오브 더 월드〉 23, 52
뉴스 의제 71

ㄷ

댄 길모어 72
〈데일리 커런트〉 18, 21
〈데일리 미러〉 65
도청 50, 52

ㄹ

래리 플린트 62
루퍼트 머독 23~24

ㅁ

마샬 맥루한 16, 18
마이클 이그나티에프 36
마틴 벨 33
매스미디어 15, 17~18, 21, 35, 38, 66
명예훼손 48, 52, 57, 60, 63~64

ㅂ

밥 우드워드 51
밴스 패커드 43
법 17, 34, 48~49, 54, 57~58, 60, 63, 67, 79
베트남 전쟁 30, 32
보스니아 33
블로거, 블로그 15, 69, 71~73, 75, 78~79

ㅅ

사생활 침해 57, 63, 65,
선전선동 24, 77
세계인권선언 53
세뇌 43~44
세르게이 브린 67~68
소유 22~23, 26, 45, 69
스핀닥터 28
시민 기자 69~72, 74~75
신문 15, 17~21, 23~26, 39~42, 45, 52, 56, 58, 66, 69, 73~76
실비오 베를루스코니 25

ㅇ

애드버스터 44~45
언론의 자유 17, 47, 48, 51,

찾아보기 | 85

53~56, 59, 60, 63~64, 71
여론 20~21, 26, 28, 32, 69
오손 웰즈 18, 37~38
오프콤 60
《우주전쟁》 18, 38
웹사이트 59, 69, 70, 73, 75~76
위르겐 하버마스 21
〈율랜츠 포스텐〉 58
음모 이론가 71
이란 55, 61, 70
〈이브닝 스탠다드〉 76
인쇄기, 인쇄술 18~19, 70, 78
인터넷 15, 18, 55, 61, 67, 69, 73~79

ㅈ
자기 검열 28
저작권 48
전자 커뮤니케이션 16
정치인 17, 20, 21, 27~29, 48, 58, 66, 71

제레미 팩스맨 42
종군 기자 32~33
죽은 나무 저널리즘 74
중국 55, 60~61, 67

ㅊ
찰스 밀즈 17-18

ㅋ
칼 번스타인 51
커피하우스 19, 21
클레이 셔키 74

ㅌ
테러 34~36, 48
통제 17~18, 21, 22, 24, 38, 55, 61, 63, 66

ㅍ
편집자 40~42, 45, 48
표현의 자유 53~54, 56, 58, 79

ㅎ
하마스 32

1-9
《1984》 38, 54, 78

A-Z
BBC 18, 23, 33, 36, 42, 76
FCC 60
GAPP 60
IRIB 61
MIIT 61
PCC 49, 60
SARFT 60

글로벌 시사 교양 시리즈

세상에 대하여 우리가 더 잘 알아야 할 교양

전국사회교사모임 선생님들이 번역한 신개념 아동·청소년 인문교양서!

세더잘 시리즈 07
세상에 대하여 우리가 더 잘 알아야 할 교양

에너지 위기 어디까지 왔나?

이완 맥레쉬 글 | 박미용 옮김

지구 온난화, 전쟁과 테러, 허리케인…
이 모든 것은 에너지 위기에서 비롯되었다.

우리는 에너지 없는 세상에서 하루도 살 수 없다. 하지만 현재 속도로 에너지를 소비한다면 앞으로 40년 이내에 주에너지원인 석유가 고갈될 것이다. 이 책은 에너지 위기가 불러올 정치, 사회, 경제, 환경의 변화를 알아보고, 무엇이 화석연료를 대신할 차세대 에너지원이 될지 꼼꼼히 따져본다.

세더잘 시리즈 01
세상에 대하여 우리가 더 잘 알아야 할 교양
공정무역, 왜 필요할까?
아드리안 쿠퍼 글 | 전국사회교사모임 옮김
박창순 한국공정무역연합 대표 감수

**공정 무역 = 페어플레이.
초콜릿과 축구공으로 보는 세계 경제의 진실**

한국에서 처음 출간된 어린이와 청소년을 위한 공정무역 안내서로, 공정무역을 포함한 무역과 시장 경제를 올바르게 이해하도록 돕습니다. 오늘날 기업은 생존과 발전을 위해서 사회적 책임을 다해야 하고, 따라서 공정무역에 관심을 가질 수밖에 없습니다. 우리 아이들이 미래의 리더가 되기 위해 꼭 알아야 할 공정무역에 관한 책입니다.

전국사회교사모임 추천도서
2010 문화체육관광부 우수교양도서 선정
2011 아침독서 추천도서

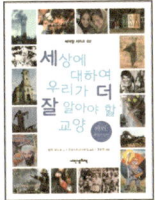

세더잘 시리즈 02
세상에 대하여 우리가 더 잘 알아야 할 교양
테러, 왜 일어날까?
헬렌 도노호 글 | 전국사회교사모임 옮김
구춘권 영남대 정치외교학과 교수 감수

**평화로운 세상을 위해
더 잘 알아야 하는 불편한 진실-테러**

이 책은 '테러'에 대해 어떤 특정 사건과 집단 대신 '테러'라는 하나의 축으로 세계 갈등의 역사를 조망합니다. 나아가 평화로운 세상을 만들기 위해서 '테러'에 대해 잘 알아야 한다고 역설합니다.

전국사회교사모임 추천도서
2010 문화체육관광부 우수교양도서 선정
2011 4월 대교눈높이창의독서 선정

세더잘 시리즈 03
세상에 대하여 우리가 더 잘 알아야 할 교양
중국, 초강대국이 될까?
안토니 메이슨 글 | 전국사회교사모임 옮김
백승도 연세대 중어중문학 박사 감수

**세계 초강대국으로 떠오르고 있는
중국 바로 알기**

우리나라는 정치·경제적으로 중국과 더욱 긴밀한 관계를 맺고 있습니다. 가까운 미래에 중국의 영향력은 더 커질 것이기에 중국을 제대로 이해해야 합니다. 이 책은 객관적 시선으로 중국을 편견 없이 바라보도록 돕습니다.

전국사회교사모임 추천도서
2011 학교도서관저널 어린이 인문 추천도서

우리 아이들에게 편견에 둘러싸인 세계 흐름에서 벗어나 보다 더 적확한 정보와 지식을 제공하고자 〈세더잘 시리즈〉를 기획 출간합니다. 모두가 'A는 B'라 믿는 사실이, 자세히 살펴보면 'A는 B만이 아니라, C나 D일 수도 있다.'는 것을 알려주어, 아이들이 또 다른 진실을 발견하도록 안내합니다.

이 시리즈는 앞으로도 인간 대 자연, 유전 공학, 군사 개입, 성형 수술, 동물 실험 등에 관한 주제로 25권까지 출간될 예정입니다.

세더잘 시리즈 08
세상에 대하여 우리가 더 잘 알아야 할 교양

미디어의 힘 견제해야 할까?
데이비드 애보트 글 | 이윤진 옮김 | 안광복 추천

**미디어는 규제받아야 한다 vs
미디어는 자유로워야 한다**

오늘날 제4의 권력이라고 불릴 정도로 강력해진 미디어의 힘에 대해 알아봅니다. 미디어를 지탱하는 언론 자유와 그 힘을 통제하려는 정부의 규제 사이에 벌어지는 논쟁에 대한 다양한 관점을 제시하고, 미래의 미디어가 나아가야 할 방향에 대해서 생각해보도록 돕습니다.

세더잘 시리즈 04
세상에 대하여 우리가 더 잘 알아야 할 교양
이주, 왜 고국을 떠날까?
루스 윌슨 글 | 전국사회교사모임 옮김
설동훈 전북대 사회학교 교수 감수

**지구촌 다문화 시대의
국제 이주 바로 알기**

오늘날 국제 사회와 다문화, 다민족 사회를 이해하기 위해 꼭 알아야 할 '이주'에 관한 책. 왜 사람들은 이주를 선택하거나 강요받는지에 대한 다양한 관점을 제시하고, 또 이에 대한 정부의 정책과 국제기구의 활동도 알려 줍니다.

전국사회교사모임 추천도서
2011 학교도서관저널 추천도서

세더잘 시리즈 05
세상에 대하여 우리가 더 잘 알아야 할 교양
비만, 왜 사회문제가 될까?
콜린 힌슨, 김종덕 글
전국사회교사모임 옮김

**왜 지구 한쪽에서는 굶어 죽는데,
다른 한쪽에서는 비만으로 죽는 걸까?**

이 책은 이러한 역설에서 출발합니다. 오늘 '비만'이 왜 사회 문제가 되었는지 역사적·문화적 관점에서 살피고 선진국과 개발도상국에서 나타나는 비만 문제의 양상과 그 속에 숨은 식품산업의 어두운 그림자, 나아가 전 세계적 차원의 식량 문제로까지 사고의 범위를 넓혀줍니다.

2011 보건복지부 우수건강도서 선정
2011 한국간행물윤리위원회 청소년 권장도서

세더잘 시리즈 06
세상에 대하여 우리가 더 잘 알아야 할 교양
자본주의, 왜 변할까?
데이비드 다우닝 글 | 김영배 옮김
전국사회교사모임 감수

**인류를 위한 가장
바람직한 자본주의의 변화상은 무엇인가**

자본주의의 역사와 발전상에 대해 알아보면서 자본주의는 경제 체제가 인류를 위해 어떻게 복무했는지, 문제가 발생하면 그때마다 인류에게 봉사하기 위해 어떤 모습으로 변신했는지에 대해 알아봅니다. 이를 통해 논쟁이 끊이지 않는 21세기의 자본주의가 어떻게 변해야 할지에 대해 생각해보도록 합니다.

2011 서울시교육청 추천도서